KOMPLETNA KSIĄŻKA Z PRZEPISAMI NA DIPY I SMAROWIDŁA

Zamień zwykłe przekąski w niezwykłe doznania dzięki 100 pysznym przepisom

Kacper Wojciechowski

Prawa autorskie ©2024

Wszelkie prawa zastrzeżone

Żadna część tej książki nie może być wykorzystywana ani rozpowszechniana w jakiejkolwiek formie i w jakikolwiek sposób bez odpowiedniej pisemnej zgody wydawcy i właściciela praw autorskich, z wyjątkiem krótkich cytatów użytych w recenzji. Niniejsza książka nie powinna być traktowana jako substytut porady lekarskiej, prawnej lub innej porady zawodowej.

SPIS TREŚCI

SPIS TREŚCI **3**
WSTĘP **6**
DIPY RANCZOWE **7**
   1. Podstawowy dip z rancza Hebed 8
   2. Dip ranczo z awokado 10
   3. Dip Smoky Chipotle Ranch 12
   4. Dip Curry Ranczo 14
   5. Dip z rancza Wasabi 16
   6. Dip kokosowo-limonkowy ranczo 18
   7. Dip Dill Pickle Ranch 20
HUMMUS **22**
   8. Hummus z cukinii i ciecierzycy 23
   9. Cytrynowa ciecierzyca i hummus z tahini 25
  10. Czosnkowy hummus z ciecierzycy 27
  11. Dip z pieczonego bakłażana 29
  12. Hummus ze Spiruliną 32
  13. Hummus z matchą i burakami 34
  14. Hummus z suszonych na słońcu pomidorów 36
  15. Hummus z ciecierzycy z aquafabą 38
  16. Hummus z kiełków soi 40
  17. Żadnego hummusu z kminkiem 42
  18. Hummus Jalapeño-Cilantro 44
  19. Hummus Yuzu 46
  20. Hummus z powrotem do podstaw 48
  21. Hummus z Pieczonej Czerwonej Papryki 50
  22. Hummus z białej fasoli i kopru 52
  23. Hummus Smoky Chipotle-Pinto 54
  24. Hummus z północnych Indii 56
  25. Wyjątkowo gładki hummus 58
  26. Hummus z ziaren soi 60
  27. Hummus z ciecierzycy w curry 62
  28. Hummus z Czerwonej Papryki (Bez Fasoli) 64
  29. Hummus z cukinii 66
  30. Hummus Kawarma (Jagnięcina) z Sosem Cytrynowym 68
  31. Musabaha i tostowana pita 71
  32. Prawdziwy Hummus 74
  33. Hummus z karczochów 76
  34. Hummus z selerem i białą fasolą 78
  35. Egzotyczny hummus fasolowy 80
  36. Wakacyjny hummus 82
  37. Hummus z suszonymi pomidorami i kolendrą 84

38. Hummus z prażonymi orzeszkami piniowymi i oliwą pietruszkową 86
39. Hummus z dynią i granatem 88
40. Hummus z dodatkiem pomidorów 90
41. Niskotłuszczowy dip hummusowy 92
42. Hummus z Saskatchewan 94
43. Hummus pesto 96
44. Kremowy hummus z kalafiora 98
45. Hummus z pieczonej marchewki 100

BABA GANUSH 102
46. Baba Ganousz 103
47. Dip z pieczonego bakłażana w dymie 105
48. Włoska Baba Ghanoush 107
49. Burak Baba Ganoush 109
50. Awokado Baba Ganoush 111
51. Curry Baba Ganoush 113
52. Orzech Baba Ganoush 115
53. Pieczona Czerwona Papryka Baba Ganoush 117
54. Granat Baba Ganoush 119
55. Pasta z bakłażana i orzecha włoskiego 121

GUACAMOLE 123
56. Czosnkowe Guacamole 124
57. Guacamole z koziego sera 126
58. Hummus guacamole 128
59. Kimchi Guacamole 130
60. Dip Spirulina Guacamole 132
61. Kokosowo-Limonkowe Guacamole 134
62. Nori Guacamole 136
63. Guacamole z marakuji 138
64. Moringa guacamole 140
65. Mojito Guacamole 142
66. Mimoza Guacamole 144
67. Słonecznikowe Guacamole 146
68. Guacamole ze smoczych owoców 148

DIPY NA BAZIE TAHINI 150
69. Kremowy dip szpinakowo-tahini 151
70. Pikantny Dip Tahini z Pieczonej Czerwonej Papryki 153
71. Dip cytrynowo-ziołowy Tahini 155
72. Kremowy Dip Tahini z Buraków 157
73. Dip Tahini z suszonych pomidorów i bazylii 159
74. Dip Tahini z kurkumą i imbirem 161
75. Dip Klonowo-Cynamonowy Tahini 163

DIPY SEROWE 165
76. Dip Ceglany Serowy 166

77. DIP Z SERA PLEŚNIOWEGO I SERA GOUDA 168
78. DIP Z SERKA ŚMIETANKOWEGO I MIODU 170
79. DIP Z KURCZAKA BUFFALO 172
80. PIKANTNY DIP Z DYNI I SERKA ŚMIETANKOWEGO 174
81. BAWARSKI DIP/SMARUNEK IMPREZOWY 176
82. DIP IMPREZOWY Z PIECZONEGO KARCZOCHA 178
83. PUBOWY DIP SEROWY 180
84. DIP DO PIZZY O NISKIEJ ZAWARTOŚCI WĘGLOWODANÓW 182
85. DIP Z KRABA RANGOON 184
86. PIKANTNY DIP Z KREWETEK I SERA 186
87. DIP CZOSNKOWO-BEKONOWY 188
88. KREMOWY DIP PESTO Z KOZIEGO SERA 190
89. GORĄCA PIZZA SUPER DIP 192
90. PIECZONY DIP ZE SZPINAKU I KARCZOCHÓW 194
91. DIP Z KARCZOCHÓW 196
92. KREMOWY DIP Z KARCZOCHÓW 198
93. DIP KOPERKOWO -SEROWY 200
94. DZIKI RYŻ I DIP CHILI 202
95. PIKANTNY DIP Z DYNI I SERKA ŚMIETANKOWEGO 204

SOSY AZJATYCKIE **206**
   96. SOS MORELOWY I CHILE DO MACZANIA 207
   97. SOS MANGO-PONZU DO ZANURZANIA 209
   98. SOS SOJOWO-IMBIROWY 211
   99. PIKANTNY SOS ORZECHOWY 213
   100. SŁODKI SOS CHILLI I LIMONKI 215

WNIOSEK **217**

WSTĘP

Witamy w „Kompletnej książce z przepisami na dipy i smarowidła", Twoim ostatecznym przewodniku, który pomoże Ci przekształcić zwykłe przekąski w niezwykłe doznania dzięki 100 pysznym przepisom. Niezależnie od tego, czy organizujesz imprezę, zabawiasz gości, czy po prostu spędzasz przytulny wieczór w domu, ta książka kucharska to Twoja przepustka do świata smaku i kreatywności. Od klasycznych dipów po innowacyjne pasty do smarowania — każdy przepis ma na celu podniesienie poziomu przyjemności w zakresie przekąsek i zaspokojenie kubków smakowych.

W tej książce kucharskiej odkryjesz różnorodne przepisy, które celebrują sztukę maczania i smarowania. Od kremowego hummusu i pikantnej salsy po pyszne pasty serowe i dekadenckie dipy deserowe – każdy znajdzie coś dla siebie i na każdą okazję. Niezależnie od tego, czy masz ochotę na coś pikantnego, słodkiego, pikantnego czy pikantnego, znajdziesz tutaj przepis, który zaspokoi Twój apetyt na przekąski i zaimponuje gościom. Tym, co wyróżnia „Kompletną książkę z przepisami na dipy i smarowidła", jest nacisk na prostotę, wszechstronność i kreatywność. Niezależnie od tego, czy jesteś doświadczonym kucharzem domowym, czy nowicjuszem w kuchni, przepisy te zaprojektowano tak, aby były łatwe w wykonaniu i można je było dostosować do Twoich preferencji smakowych i potrzeb dietetycznych. Dzięki minimalnej liczbie składników i prostym instrukcjom możesz w mgnieniu oka przygotować porcję domowych dipów i past do smarowania, zmieniając codzienne przekąski w wykwintne przeżycie.

W tej książce kucharskiej znajdziesz praktyczne wskazówki dotyczące podawania i przechowywania dipów i past do smarowania, a także wspaniałe zdjęcia, które zainspirują Cię do kulinarnych przygód. Niezależnie od tego, czy organizujesz nieformalne spotkanie z przyjaciółmi, świętujesz specjalną okazję, czy po prostu delektujesz się pyszną przekąską, „Kompletna książka z przepisami na dipy i smarowidła" ma wszystko, czego potrzebujesz, aby przenieść swoje przekąski na wyższy poziom.

DIPY RANCZOWE

1. Podstawowy dip z rancza Hebed

SKŁADNIKI:
- 1 szklanka majonezu
- ½ szklanki zwykłego jogurtu greckiego
- 1 ½ łyżeczki suszonego szczypiorku
- 1 ½ łyżeczki suszonej pietruszki
- 1 ½ łyżeczki suszonego koperku
- ¾ łyżeczki granulowanego czosnku
- ¾ łyżeczki cebuli granulowanej
- ½ łyżeczki soli
- ¼ łyżeczki czarnego pieprzu

INSTRUKCJE:
a) Łączyć wszystkie składniki W A mały miska.
b) Umożliwić Do siedzieć W the lodówka dla 30 minuty zanim porcja.

2.Dip ranczo z awokado

SKŁADNIKI:
- 1 dojrzałe awokado, obrane i wypestkowane
- 1/2 szklanki kwaśnej śmietany
- 1/4 szklanki majonezu
- 1 łyżka świeżo wyciśniętego soku z limonki
- 2 łyżki posiekanej świeżej kolendry
- 1 ząbek czosnku, posiekany
- 1/2 łyżeczki cebuli w proszku
- Sól i pieprz do smaku
- Opcjonalnie: posiekane jalapeño dla dodatkowego podgrzania

INSTRUKCJE:
a) W misce miksującej rozgnieć dojrzałe awokado na gładką masę.
b) Dodać śmietanę, majonez, sok z limonki, posiekaną kolendrę, przeciśnięty przez praskę czosnek, proszek cebulowy i opcjonalnie posiekane papryczki jalapeño.
c) Mieszaj, aż składniki dobrze się połączą i uzyskają kremową konsystencję.
d) Dopraw solą i pieprzem do smaku.
e) Przenieś dip z rancza z awokado do miski.
f) Podawać z chipsami tortilla, paluszkami warzywnymi lub jako kremowa polewa do tacos lub nachos.

3.Dip Smoky Chipotle Ranch

SKŁADNIKI:
- 1/2 szklanki kwaśnej śmietany
- 1/4 szklanki majonezu
- 1 łyżka papryczki chipotle w sosie adobo, posiekanej
- 1 łyżka świeżo wyciśniętego soku z limonki
- 1 łyżeczka wędzonej papryki
- 1/2 łyżeczki czosnku w proszku
- 1/2 łyżeczki cebuli w proszku
- Sól i pieprz do smaku
- Opcjonalnie: posiekana świeża kolendra do dekoracji

INSTRUKCJE:
a) W misce wymieszaj śmietanę, majonez, posiekaną papryczkę chipotle, sok z limonki, wędzoną paprykę, czosnek w proszku i cebulę w proszku.
b) Mieszaj, aż dobrze się wymiesza.
c) Dopraw solą i pieprzem do smaku.
d) W razie potrzeby udekoruj posiekaną świeżą kolendrą.
e) Przenieś wędzony dip chipotle ranczo do miski.
f) Podawać z chrupiącymi frytkami z batatów, skrzydełkami kurczaka lub stosować jako pikantny sos do grillowanych warzyw.

4.Dip Curry Ranczo

SKŁADNIKI:
- 1/2 szklanki jogurtu greckiego
- 1/4 szklanki majonezu
- 1 łyżka curry w proszku
- 1 łyżeczka miodu
- 1 ząbek czosnku, posiekany
- 1 łyżka świeżo posiekanej kolendry
- 1 łyżka świeżo posiekanej mięty
- 1 łyżeczka skórki z cytryny
- Sól i pieprz do smaku

INSTRUKCJE:
a) W misce wymieszaj jogurt grecki, majonez, curry w proszku, miód, posiekany czosnek, posiekaną kolendrę, posiekaną miętę i skórkę z cytryny.
b) Mieszaj, aż wszystkie składniki dobrze się połączą.
c) Dopraw solą i pieprzem do smaku.
d) Przełóż dip curry ranch do miski.
e) Podawać z surowymi warzywami, chipsami pita lub jako sos do samos i pakor.

5.Dip z rancza Wasabi

SKŁADNIKI:
- 1/2 szklanki kwaśnej śmietany
- 1/4 szklanki majonezu
- 1 łyżka przygotowanej pasty wasabi
- 1 łyżka octu ryżowego
- 1 łyżeczka sosu sojowego
- 1 zielona cebula, drobno posiekana
- 1/2 łyżeczki nasion sezamu (opcjonalnie)
- Sól i pieprz do smaku

INSTRUKCJE:
a) W misce wymieszaj śmietanę, majonez, pastę wasabi, ocet ryżowy, sos sojowy, posiekaną zieloną cebulę i nasiona sezamu (jeśli używasz).
b) Mieszaj, aż wszystkie składniki zostaną dobrze wymieszane.
c) Dopraw solą i pieprzem do smaku.
d) Przenieś dip wasabi ranczo do miski.
e) Podawać z sushi, tempurą lub stosować jako sos do krewetek lub rolek sushi.

6. Dip kokosowo-limonkowy ranczo

SKŁADNIKI:
- 1/2 szklanki kremu kokosowego
- 1/4 szklanki jogurtu greckiego
- 1 łyżka majonezu
- Skórka i sok z 1 limonki
- 1 łyżka świeżo posiekanej kolendry
- 1 łyżka świeżo posiekanej mięty
- 1 łyżeczka miodu
- Sól i pieprz do smaku

INSTRUKCJE:
a) W misce wymieszaj śmietankę kokosową, jogurt grecki, majonez, skórkę z limonki, sok z limonki, posiekaną kolendrę, posiekaną miętę i miód.
b) Mieszaj, aż masa będzie gładka i kremowa.
c) Dopraw solą i pieprzem do smaku.
d) Przenieś dip ranczo z limonki kokosowej do miski.
e) Podawać z owocami tropikalnymi, grillowanymi krewetkami lub stosować jako sos do krewetek kokosowych.

7.Dip Dill Pickle Ranch

SKŁADNIKI:
- 1/2 szklanki kwaśnej śmietany
- 1/4 szklanki majonezu
- 1/4 szklanki drobno posiekanych ogórków kiszonych
- 1 łyżka soku z ogórków kiszonych
- 1 łyżka posiekanego świeżego koperku
- 1 łyżeczka proszku cebulowego
- Sól i pieprz do smaku

INSTRUKCJE:
a) W misce wymieszaj kwaśną śmietanę, majonez, drobno posiekane ogórki kiszone, sok z marynat, posiekany świeży koperek i proszek cebulowy.
b) Mieszaj, aż wszystkie składniki dobrze się połączą.
c) Dopraw solą i pieprzem do smaku.
d) W razie potrzeby dopraw do smaku.
e) Przełóż dip ranczo z marynatą koperkową do miski.
f) Podawać z chipsami ziemniaczanymi, paluszkami marchewkowymi lub jako dip do smażonych pikli.

HUMMUS

8.Hummus z cukinii i ciecierzycy

SKŁADNIKI:
- 1 puszka ciecierzycy, odsączona i opłukana
- 1 ząbek czosnku, posiekany
- 1 zielona cukinia, posiekana
- Garść posiekanej natki pietruszki
- Garść posiekanej bazylii
- Sól himalajska lub morska
- Świeżo zmielony czarny pieprz
- 4 łyżki oliwy z oliwek
- Wyciśnięcie świeżego soku z cytryny

INSTRUKCJE:
a) Zmiksuj wszystko.

9. Cytrynowa ciecierzyca i hummus z tahini

SKŁADNIKI:
- Sok cytrynowy z ½ cytryny
- 1 puszka suszonej ciecierzycy, namoczona
- 1 ząbek czosnku
- 1 łyżka tahini
- 1 łyżka oliwy z oliwek

INSTRUKCJE:
a) Mieszaj wszystko, aż będzie gładkie.

10. Czosnkowy hummus z ciecierzycy

SKŁADNIKI:
- 2 ząbki czosnku
- 1 puszka ciecierzycy
- 1 łyżka Tahini
- Sok cytrynowy z 1 cytryny
- 1 łyżka oliwy z oliwek

INSTRUKCJE:
a) W misce miksującej wymieszaj wszystkie składniki.

11. Dip z pieczonego bakłażana

SKŁADNIKI:
- 3 średni bakłażany z skóra (t duży, okrągły, fioletowy różnorodność)
- 2 łyżka stołowa olej
- 1 kupa łyżeczka z kminek posiew
- 1 łyżeczka grunt kolendra
- 1 łyżeczka kurkuma proszek
- 1 duży żółty Lub czerwony cebula, obrane I pokrojone w kostkę
- 1 kawałek ożywić źródło, obrane I tarty Lub mielony
- 8 goździki czosnek, obrane I tarty Lub mielony
- 2 średni pomidory, obrane (Jeśli możliwy) I pokrojone w kostkę
- 4 zielony Tajski, serrano, Lub Cayenne chili, posiekana
- 1 łyżeczka czerwony Chile proszek Lub Cayenne
- 1 łyżka gruboziarnisty morze sól

INSTRUKCJE:

a) Ustawić jakiś piekarnik stojak Na the drugi najwyższy pozycja. Rozgrzej the brojler Do 500°F (260°C). Linia A pieczenie arkusz z aluminium folia Do unikać A bałagan później.

b) Szturchać dziury W the bakłażan z A widelec (Do uwolnienie para) I miejsce ich NA the pieczenie arkusz. Burda Do 30 minuty, obrócenie raz. The skóra będzie Być zwęglony I spalony W Niektóre obszary Kiedy Oni Czy zrobione. Usunąć the pieczenie arkusz z the piekarnik I pozwalać the bakłażan Fajny Do Na najmniej 15 minuty. Z A ostry nóż, cięcie A podział wzdłuż z jeden koniec z każdy bakłażan Do the Inny, I ciągnąć To otwarty nieznacznie. Szufelka na zewnątrz the pieczony ciało wewnątrz, istnienie ostrożny Do unikać the para I odzysk Jak dużo sok Jak możliwy. Miejsce the pieczony bakłażan ciało W A miska – zrobisz to Posiadać o 4 kubki (948 ml).

c) W A głęboko, ciężki patelnia, ciepło the olej nad średni wzrost ciepło.

d) Dodać the kminek I kucharz dopóki To skwiercze o 30 sekundy.

e) Dodać the kolendra I kurkuma. Mieszać I kucharz Do 30 sekundy.

f) Dodać the cebula I brązowy Do 2 minuty.

g) Dodać the ożywić źródło I czosnek I kucharz Do 2 więcej minuty.

h) Dodać the pomidory I chili. Kucharz Do 3 minuty, dopóki the mieszanina zmiękcza.
i) Dodać the ciało z the pieczony bakłażany I kucharz Do inny 5 minuty, mieszanie sporadycznie Do unikać klejący.
j) Dodać the czerwony Chile proszek I sól. Na Ten punkt, Ty powinien Również usunąć I wyrzucać każdy zabłąkany sztuki z zwęglony bakłażan skóra.
k) Mieszanka Ten mieszanina za pomocą jakiś zanurzenie mikser Lub W A oddzielny mikser. Nie przedobrzyć to — tam powinien Nadal Być Niektóre tekstura. Podawać z Opieczony naan plastry, krakersy, Lub tortilla frytki. Ty Móc Również podawać To tradycyjnie z jakiś indyjski posiłek z Roti, soczewica, I raita.

12.Hummus ze Spiruliną

SKŁADNIKI:
- 1 Móc ciecierzyca, osuszony, płyn skryty
- 1 łyżka Oliwa olej
- 2 łyżeczki tahini
- 1 łyżka świeżo prasowany cytrynowy sok
- 1 Goździk czosnek, zgnieciony
- ½ łyżeczka sól

INSTRUKCJE:
a) Miejsce the ciecierzyca, Oliwa olej, Tahini, cytrynowy sok, czosnek, I sól W A żywność edytor.
b) Zakręt NA the żywność edytor I powoli wlać W Niektóre z the skryty groch włoski płyn chwila the maszyna biegnie.
c) Gdy the mieszanina Jest w pełni łączny I gładki, przenosić To do A porcja danie.

13. Hummus z matchą i burakami

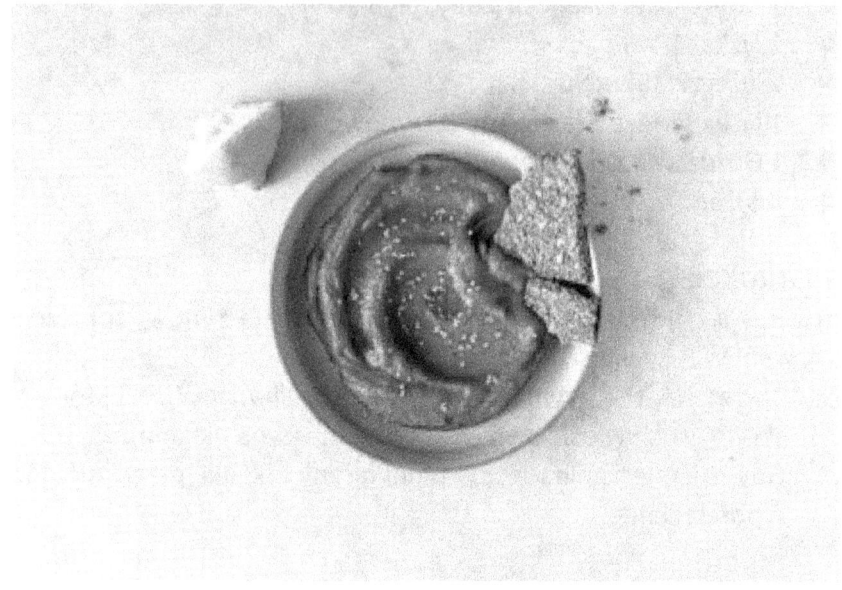

SKŁADNIKI:
- ½ łyżeczka Matcha proszek
- 400g cyna ciecierzyca, osuszony I spłukany
- 250g gotowany burak
- 1 czosnek Goździk
- 2 łyżka stołowa tahini
- 2 łyżeczka grunt kminek
- 100ml dodatkowy dziewica Oliwa olej
- Sok z cytrynowy
- Sól Do smak

INSTRUKCJE:
a) Dodać Wszystko składniki z wyjątkiem the ciecierzyca do twój blender/jedzenie edytor. Mieszać dopóki gładki.
b) Dodać the ciecierzyca I mieszanka Ponownie dopóki gładki I pyszne!

14. Hummus z suszonych na słońcu pomidorów

SKŁADNIKI:
- 8,5 uncji słoik z suszone na słońcu pomidory W olej
- 8,8 uncji słoik z pieczone w piekarniku pomidory W olej
- #10 Móc z Garbanzo fasolki, osuszony I spłukany
- 2 łyżka stołowa tahini pasta
- 2 łyżka stołowa cebula proszek
- 2 łyżeczki papryka
- 2 łyżka stołowa posiekana czosnek
- 1 filiżanka ciepły woda
- 1 filiżanka warzywo olej
- 4 łyżeczki cytrynowy sok
- Sól I pieprz Do smak

INSTRUKCJE:
a) Dodać suszone pomidory, pieczony pomidor, I tahini pasta Do the żywność edytor. Używać 1 łyżka z woda Do cienki na zewnątrz the mieszanina. Mieszać dopóki gładki.
b) Dodać Garbanzo fasolki, cebula proszek, czosnek, papryka, I cytrynowy sok. Zakręt the edytor NA Niski I mieszać.
c) Powoli dodać woda I olej, Do poluzować the ostrze, I umożliwić the Hummus Do mieszać dopóki gładki.
d) Powtarzać the proces z the drugi seria z składniki.

15. Hummus z ciecierzycy z aquafabą

SKŁADNIKI:
- 2 kubki w puszkach ciecierzyca
- 2 goździki czosnek
- 4 łyżka stołowa oparty na roślinach tahini
- 2 łyżka stołowa cytrynowy sok, świeżo nękany
- 2 łyżeczki kminek proszek
- 1 łyżeczka sól
- ½ łyżeczki czerwony pieprz proszek

AQUAFABA
- ½ filiżanka groch włoski płyn

DODATKI
- Kolendra
- Kolendra posiew
- Czerwony pieprz proszek
- Cały ciecierzyca

INSTRUKCJE:
DO ROBIĆ TO AQUAFABA:
a) Jeśli the groch włoski płyn zawiera A działka z mały bity z fasolki, napięcie To Poprzez A Cienki siatka filtr Do usunąć ich.
b) Lekko śmigać the płyn dopóki pienisty, Następnie mierzyć na zewnątrz the wymagany kwota z aquafaba.

DO ROBIĆ TO HUMMUS:
c) Miejsce the ciecierzyca, czosnek, I aquafaba W A żywność edytor słoik I puree dopóki gładki.
d) Dodać Tahini, cytrynowy sok, kminek, sól, I czerwony pieprz proszek Do smak.
e) Proces NA wysoki prędkość dopóki the Hummus Jest gładki I kremowy. Jeśli niezbędny, spritz z woda.
f) Chochla the Hummus do A porcja miska I szczyt z świeży kolendra liście I posiew.
g) Zamrażać W jakiś hermetyczny pojemnik Do w górę Do 5 dni.

16. Hummus z kiełków soi

SKŁADNIKI:
- 480g gotowany soja
- 285g żółty słodki kukurydza
- 10 suszone pomidor połówki
- 2 łyżeczki. czosnek proszek
- ½ łyżeczki papryka proszek
- ½ łyżeczka wysuszony bazylia
- 1 łyżeczka cebula proszek
- 2 Łyżka stołowa odżywczy drożdże
- 2 Łyżka stołowa cytrynowy sok
- Woda

INSTRUKCJE:
a) Moczyć the suszone na słońcu pomidor połówki W gorący woda Do Na najmniej jeden godzina.
b) Odpływ I dokładnie płukanie.
c) Łączyć Wszystko z składniki W A żywność edytor I proces dopóki gładki I kremowy.

17. Żadnego hummusu z kminkiem

SKŁADNIKI:
- 2 kubki z ciecierzyca, osuszony z woda ustawić na bok
- 1/2 filiżanka tahini
- Czosnek Pasta
- Sok z 6 limonki
- Sól I pieprz.
- A bardzo światło posypać z czerwony czerwony pieprz pieprz płatki

INSTRUKCJE:
a) Mieszanka W A mikser.
b) Jeśli zbyt gruby, dodać więcej woda z the ciecierzyca Do gładki To na zewnątrz.

18.Hummus Jalapeño-Cilantro

SKŁADNIKI:

- 1 (15 uncji) Móc ciecierzyca, osuszony I spłukany
- 1 filiżanka kolendra liście, plus dodatkowy Do garnirunek
- 2 mały papryczki jalapeno, zaszczepione I grubo posiekana
- 1 czosnek Goździk
- ¼ filiżanka świeży Limonka sok
- 2 łyżka stołowa tahini (sezam pasta)
- 1 łyżka Oliwa olej

INSTRUKCJE:

a) W A żywność edytor, puree the ciecierzyca, kolendra, papryczki jalapeno, I czosnek dopóki gładki.

b) Dodać the Limonka sok, Tahini, I olej I proces dopóki Dobrze mieszany. Jeśli the mieszanina Jest zbyt gruby, dodać woda, 1 łyżka Na A czas, dopóki the pożądany konsystencja Jest osiągnięty.

c) Podawać the Hummus natychmiast, przyozdobiony z dodatkowy kolendra, Lub okładka I zamrażać To Do w górę Do 2 dni.

19.Hummus Yuzu

SKŁADNIKI:
- 2 szklanki ugotowanej ciecierzycy (fasola garbanzo)
- 1/4 szklanki (59 ml) świeżego soku Yuzu
- 1/4 szklanki (59 ml) tahini
- Połowa dużego ząbka czosnku, posiekana
- 2 łyżki oliwy z oliwek lub oleju kminkowego i więcej do podania
- 1/2 do 1 łyżeczki soli
- 1/2 łyżeczki mielonego kminku
- 2 do 3 łyżek wody
- Odrobina mielonej papryki do podania

INSTRUKCJE:
a) Łączyć tahini I Yuzu sok I mieszanka Do 1 minuta. Dodać the Oliwa olej, mielony czosnek, kminek I the sól Do tahini I cytrynowy mieszanina. Proces Do 30 sekundy, zeskrobać boki I Następnie proces 30 sekundy więcej.
b) Dodać połowa z the ciecierzyca Do the żywność edytor I proces Do 1 minuta. Zeskrobać boki, dodać pozostały ciecierzyca I proces Do 1 Do 2 minuty.
c) Przenosić the Hummus do A miska Następnie mżawka o 1 Łyżka stołowa z Oliwa olej nad the szczyt I posypać z papryka.

20. Hummus z powrotem do podstaw

SKŁADNIKI:

- 3 Do 4 czosnek goździki
- 1 1/2 kubki gotowany Lub 1 (15,5 uncji) Móc ciecierzyca, osuszony I spłukany
- 1 szklanka soku z 1 cytrynowy
- 1/2 łyżeczka sól
- 1/8 łyżeczka grunt Cayenne
- 2 łyżka stołowa Oliwa olej
- Słodki Lub wędzony papryka, Do garnirunek

INSTRUKCJE:

a) W A żywność edytor, proces the czosnek dopóki delikatnie mielony. Dodać the ciecierzyca I tahini I proces dopóki gładki. Dodać the cytrynowy sok, sól Do smak, I Cayenne I proces dopóki Dobrze łączny.

b) Z the maszyna działanie, strumień W the olej I proces dopóki gładki.

c) Smak, naregulowanie przyprawy Jeśli niezbędny. Przenosić Do A średni miska I posypać z papryka Do podawać. Jeśli nie za pomocą Prawidłowy z dala, okładka I zamrażać dopóki potrzebne.

d) Odpowiednio przechowywane To będzie trzymać W the lodówka Do w górę Do 4 dni.

21.Hummus z Pieczonej Czerwonej Papryki

SKŁADNIKI:

- 2 czosnek goździki, zgnieciony
- 1 1/2 kubki gotowany Lub 1 (15,5 uncji) Móc ciecierzyca, osuszony I spłukany
- 2 pieczony czerwony papryka
- 1 łyżka świeży Limonka sok
- Sól
- Grunt Cayenne

INSTRUKCJE:

a) W A żywność edytor, proces the czosnek dopóki delikatnie mielony. Dodać the ciecierzyca I czerwony pieprz I proces dopóki gładki.

b) Dodać the Limonka sok I sól I Cayenne Do smak. Proces dopóki Dobrze mieszany. Smak, naregulowanie przyprawy Jeśli niezbędny.

c) Przenosić Do A średni miska I podawać. Jeśli nie za pomocą Prawidłowy z dala, okładka I zamrażać dopóki potrzebne. Odpowiednio przechowywane, To będzie trzymać Do w górę Do 3 dni.

22. Hummus z białej fasoli i kopru

SKŁADNIKI:
- 2 czosnek goździki, zgnieciony
- 1½ kubki gotowany Lub 1 (15,5 uncji) Móc biały fasolki, taki Jak Świetnie Północny, osuszony I spłukany
- 2 łyżka stołowa świeży cytrynowy sok
- 1/4 filiżanka świeży koper Lub 2 łyżka stołowa wysuszony
- 1/8 łyżeczka grunt Cayenne
- 2 łyżka stołowa Oliwa olej

INSTRUKCJE:
a) W A żywność edytor, proces the czosnek dopóki delikatnie mielony. Dodać the ciecierzyca I tahini I proces dopóki gładki. Dodać the cytrynowy sok, koper, sól, I Cayenne I proces dopóki Dobrze mieszany.
b) Z the maszyna działanie, strumień W the olej I proces dopóki gładki. Smak, naregulowanie przyprawy Jeśli niezbędny. Przenosić Do A średni miska I okładka I zamrażać 2 godziny zanim porcja. The smaki poprawić I zintensyfikować Jeśli zrobiony dalej. Odpowiednio przechowywane, To będzie trzymać Do w górę Do 3 dni.

23. Hummus Smoky Chipotle-Pinto

SKŁADNIKI:
- 1 czosnek Goździk, zgnieciony
- 1 1/2 kubki gotowany Lub 1 (15,5 uncji) Móc łaciaty fasolki, osuszony I spłukany
- 2 łyżeczki świeży Limonka sok
- Sól I świeżo grunt czarny pieprz
- 1 łyżka delikatnie mielony zielony cebule, Do garnirunek

INSTRUKCJE:

a) W A żywność edytor, proces the czosnek dopóki delikatnie mielony. Dodać the fasolki I chipotle I proces dopóki gładki. Dodać the Limonka sok I sól I pieprz Do smak. Proces dopóki Dobrze mieszany.

b) Przenosić Do A średni miska I posypać z the zielony cebule. Podawać Prawidłowy z dala Lub okładka I zamrażać Do 1 Do 2 godziny Do umożliwić the smaki Do zintensyfikować.

c) Odpowiednio przechowywane, To będzie trzymać Do w górę Do 3 dni.

24. Hummus z północnych Indii

SKŁADNIKI:
- 2 kubki (396 G) gotowany cały fasolki Lub soczewica
- Sok z 1 średni cytrynowy
- 1 Goździk czosnek, obrane, przycięty I grubo posiekana
- 1 łyżeczka gruboziarnisty morze sól
- 1 łyżeczka grunt czarny pieprz
- ½ łyżeczka Pieczony Grunt Kminek
- ½ łyżeczka grunt kolendra
- ¼ filiżanka (4 G) posiekana świeży kolendra
- ⅓ filiżanka (79 ml) plus 1 łyżka Oliwa olej
- 1–4 łyżka stołowa (15–60 ml) woda
- ½ łyżeczka papryka, Do garnirunek

INSTRUKCJE:

a) W A żywność edytor, łączyć the fasolki Lub soczewica, cytrynowy sok, czosnek, sól, czarny pieprz, kminek, kolendra, I kolendra. Proces dopóki Dobrze mieszany.

b) Z the maszyna Nadal działanie, dodać the olej. Kontynuować Do proces dopóki the mieszanina Jest kremowy I gładki, dodanie woda Jak potrzebne, 1 łyżka Na A czas.

25. Wyjątkowo gładki hummus

SKŁADNIKI:
- 2 (14 uncji) puszki ciecierzyca
- 2 czosnek goździki, rozbity
- ¼ łyżeczka grunt kminek
- Sok z 1 cytrynowy, plus więcej Jak potrzebne
- ½ filiżanka tahini
- 2 łyżka stołowa ekstra-dziewica Oliwa olej, plus więcej Do porcja
- Łuskowaty morze sól
- Opieczony sosna orzechy, Do porcja (opcjonalny)

INSTRUKCJE:
a) W the ciśnienie kuchenka garnek, łączyć the ciecierzyca, the płyn z the puszki, I the czosnek. Zamek the pokrywa W miejsce I kucharz NA wysoki ciśnienie Do 10 minuty. Szybki Lub naturalny uwolnienie, Następnie otwarty Kiedy the ciśnienie ustępuje.

b) rezerwa ½ filiżanka z the gotowanie płyn I odpływ the odpoczynek. Przenosić the ciecierzyca I czosnek Do A żywność edytor I puls dopóki głównie gładki, o 3 minuty. Dodać the kminek, cytrynowy sok, Tahini, I Oliwa olej I puls Do łączyć, o 1 minuta. Chwila przecieranie, powoli dodać the skryty gotowanie płyn, 1 łyżka Na A czas, dopóki twój pożądany konsystencja Jest osiągnięty. Smak I dodać sól Jak potrzebne.

c) Łyżka the Hummus do A miska. Podawać z Oliwa olej I Opieczony sosna orzechy, Jeśli pożądany. Sklep the Hummus mrożony W jakiś hermetyczny pojemnik Do w górę Do 1 tydzień.

26. Hummus z ziaren soi

SKŁADNIKI:
- 1 filiżanka Suchy soja fasolki - przemoczony I osuszony
- 3 łyżka stołowa Cytrynowy sok
- ¼ filiżanka Oliwa olej
- 2 łyżka stołowa Posiekana świeży pietruszka
- 1 Czosnek Goździk
- Sól I pieprz

INSTRUKCJE:
a) Puree wszystkie składniki W A żywność edytor dopóki gładki.
b) Cieszyć się.

27.Hummus z ciecierzycy w curry

SKŁADNIKI:
- 1/2 filiżanka suchy ciecierzyca; przemoczony
- 1 zatoka liść
- 1/4 łyżeczka sproszkowane kminek
- 1/4 garść Pietruszka; posiekana.
- 1/4 łyżeczka papryka
- 2 czosnek goździki
- 1 Łyżka tahini
- 1/2 cytrynowy; sok
- 1/4 łyżeczka morze sól
- 1 Łyżka Oliwa olej

INSTRUKCJE:
a) W jakiś Natychmiastowy Garnek, łączyć 3 kubki woda, ciecierzyca, zatoka liść, I czosnek goździki.
b) Zamknąć the natychmiastowy garnek pokrywa I kucharz NA wysoki ciśnienie Do 18 minuty.
c) Do A Naturalny uwolnienie I otwarty the natychmiastowy garnek okładka Kiedy To sygnały dźwiękowe.
d) Usunąć the zatoka liść I napięcie the gotowany ciecierzyca.
e) Podsmaż Do 2 minuty W the Natychmiastowy Garnek z the olej I the dodatkowy składniki. Mieszanka.
f) Łączyć wszystkie składniki W A mieszanie miska I podawać.

28.Hummus z Czerwonej Papryki (Bez Fasoli)

SKŁADNIKI:
- ½ filiżanka sezam posiew, grunt do A proszek
- 2 łyżeczki posiekana czosnek
- 1 łyżeczka morze sól
- 2 kubki zaszczepione I pokrojone w kostkę czerwony dzwonek pieprz
- 1/3 filiżanka tahini
- ¼ filiżanka cytrynowy sok
- ½ łyżeczka grunt kminek

INSTRUKCJE:
a) W A żywność edytor, proces the sezam posiew, czosnek, I sól do mały sztuki.
b) Dodać the pozostałe składniki I proces dopóki gładki.
c) Będzie trzymać Do 2 dni W the lodówka.

29. Hummus z cukinii

SKŁADNIKI:
- 4 kubki cukinia, posiekana
- 3 łyżka stołowa wegetariańskie magazyn
- ¼ filiżanka Oliwa olej
- Sól I czarny pieprz Do the smak
- 4 czosnek goździki, mielony
- ¾ filiżanka sezam posiew pasta
- ½ filiżanka cytrynowy sok
- 1 łyżka kminek, grunt

INSTRUKCJE:
a) Ustawić twój natychmiastowy garnek NA podsmażyć tryb, dodać połowa z the olej, ciepło To w górę, dodać cukinia I czosnek, zamieszać I kucharz Do 2 minuty.
b) Dodać magazyn, sól I pieprz, okładka garnek I kucharz NA Wysoki Do 4 minuty więcej.
c) Przenosić cukinia Do twój mikser, dodać the odpoczynek z the olej, sezam posiew pasta, cytrynowy sok I kminek, puls Dobrze, przenosić Do kręgle I podawać Jak A przekąska.
d) Cieszyć się!

30. Hummus Kawarma (Jagnięcina) Z Sosem Cytrynowym

SKŁADNIKI:
KAWARMA
- 10½ uncja / 300 G szyja filet z jagnięcina, delikatnie posiekana przez ręka
- ¼ łyżeczka świeżo grunt czarny pieprz
- ¼ łyżeczka świeżo grunt biały pieprz
- 1 łyżeczka grunt piment
- ½ łyżeczka grunt cynamon
- Dobry szczypta z świeżo tarty gałka muszkatołowa
- 1 łyżeczka zgnieciony wysuszony za'atar Lub Oregano liście
- 1 łyżka biały wino ocet
- 1 łyżka posiekana Mennica
- 1 łyżka posiekana płaskolistny pietruszka
- 1 łyżeczka sól
- 1 łyżka nieposolony masło Lub ghee
- 1 łyżeczka Oliwa olej

CYTRYNOWY SOS
- ⅓ uncja / 10 G płaskolistny pietruszka, delikatnie posiekana
- 1 zielony Chile, delikatnie posiekana
- 4 łyżka świeżo nękany cytrynowy sok
- 2 łyżka biały wino ocet
- 2 goździki czosnek, zgnieciony
- ¼ łyżeczka sól

INSTRUKCJE:

a) Do robić the kawarma, miejsce Wszystko składniki oprócz z the masło Lub ghee I olej W A średni miska. Mieszać Dobrze, okładka, I umożliwić the mieszanina Do marynować W the lodówka Do 30 minuty.

b) Tylko zanim Ty Czy gotowy Do kucharz the mięso, miejsce Wszystko składniki Do the cytrynowy sos W A mały miska I zamieszać Dobrze.

c) Ciepło the masło Lub ghee I the Oliwa olej W A duży smażenie patelnia nad średni wzrost ciepło. Dodać the mięso W dwa Lub trzy partie I zamieszać Jak Ty smażyć każdy seria Do 2 minuty. The mięso powinien Być światło różowy W the środek.

d) Dzielić the Hummus wśród 6 indywidualny płytki kręgle, odjazd A niewielki dziurawy W the Centrum z każdy. Łyżka the ciepły kawarma do the dziurawy I rozpraszać z the skryty ciecierzyca. Mżawka hojnie z the cytrynowy sos I garnirunek z Niektóre pietruszka I the sosna orzechy.

31.Musabaha i tostowana pita

SKŁADNIKI:
- 1¼ kubki / 250 G wysuszony ciecierzyca
- 1 łyżeczka pieczenie Soda
- 1 łyżka grunt kminek
- 4½ łyżka / 70 G światło tahini pasta
- 3 łyżka świeżo nękany cytrynowy sok
- 1 Goździk czosnek, zgnieciony
- 2 łyżka lodowaty woda
- 4 mały pity (4 uncja / 120 G W całkowity)
- 2 łyżka Oliwa olej
- 2 łyżka posiekana płaskolistny pietruszka
- 1 łyżeczka słodki papryka
- sól I świeżo grunt czarny pieprz

TAHINI SOS
- 5 łyżka / 75 G światło tahini pasta
- ¼ filiżanka / 60 ml woda
- 1 łyżka świeżo nękany cytrynowy sok
- ½ Goździk czosnek, zgnieciony

CYTRYNOWY SOS
- ⅓ uncja / 10 G płaskolistny pietruszka, delikatnie posiekana
- 1 zielony Chile, delikatnie posiekana
- 4 łyżka świeżo nękany cytrynowy sok
- 2 łyżka biały wino ocet
- 2 goździki czosnek, zgnieciony
- ¼ łyżeczka sól

INSTRUKCJE:

a) Podążać the Podstawowy Hummus przepis Do the metoda z moczenie I gotowanie the ciecierzyca, Ale kucharz ich A mały mniej; Oni powinien Posiadać A mały opór lewy W ich Ale Nadal Być w pełni gotowany. Odpływ the gotowany ciecierzyca, rezerwacja ⅓ kubki / 450 G) z the skryty gotowanie woda, the kminek, ½ łyżeczka sól, I ¼ łyżeczka pieprz. Trzymać the mieszanina ciepły.

b) Miejsce the pozostały ciecierzyca (1 filiżanka / 150 G) W A mały żywność edytor I proces dopóki Ty Dostawać A sztywny pasta.

Następnie, z the maszyna Nadal działanie, dodać the tahini pasta, cytrynowy sok, czosnek, I ½ łyżeczka sól. Wreszcie, powoli mżawka W the mrożony woda I mieszać Do o 3 minuty, dopóki Ty Dostawać A bardzo gładki I kremowy pasta. Wyjechać the Hummus Do jeden strona.

c) Chwila the ciecierzyca Czy gotowanie, Ty Móc przygotowywać the Inny elementy z the danie. Dla the tahini sos, umieścić Wszystko składniki I A szczypta z sól W A mały miska. Mieszać Dobrze I dodać A mały więcej woda Jeśli potrzebne Do Dostawać A konsystencja nieznacznie biegacz niż Miód.

d) Następny, mieszać razem Wszystko składniki Do the cytrynowy sos, I ustawić na bok.

e) Wreszcie, otwarty w górę the pita, rozdzierający the dwa boki oprócz. Miejsce pod A gorący brojler Do 2 minuty, dopóki złoty I całkowicie suchy. Umożliwić Do Fajny w dół zanim łamanie do dziwny kształt sztuki.

f) Dzielić the Hummus wśród cztery indywidualny płytki kręgle; nie poziom To Lub naciskać To w dół, Ty chcieć the wysokość. Łyżka nad the ciepły ciecierzyca, podążał przez the tahini sos, the cytrynowy sos, I A mżawka z Oliwa olej. Garnirunek z the pietruszka I A posypać z papryka I podawać, towarzyszył z the Opieczony Pita sztuki.

32. Prawdziwy Hummus

SKŁADNIKI:
- 19 uncji Garbanzo fasolki, połowa the płyn skryty
- 2 łyżka stołowa tahini
- 2 goździki czosnek, podzielony
- 4 łyżka stołowa warzywo Rosół
- 4 łyżka stołowa cytrynowy sok
- 1 łyżeczka sól
- Czarny pieprz Do smak

INSTRUKCJE:
a) Zaczynać przez okazały the czosnek, Następnie łączyć To z the Garbanzo fasolki W A mikser I puls. rezerwa 1 łyżka z Garbanzo fasolki Do garnirunek.
b) W the mikser, mieszać the skryty płyn, tahini cytrynowy sok, I sól. Mieszanka the mieszanina dopóki To Jest gładki I kremowy.
c) Połowa wypełnienia A porcja miska z the mieszanina.
d) Pora roku z pieprz I wlać W the warzywo Rosół. Garnirunek z Garbanzo fasolki Jeśli pożądany.

33. Hummus z karczochów

SKŁADNIKI:
- 2 kubki Gotowany Garbanzo fasolki
- 1 filiżanka Karczoch kiery
- 6 Goździki czosnek
- 2 Cytryny
- ½ łyżeczka Papryka
- ½ łyżeczka Kminek
- ½ łyżeczka Koszerny sól
- ½ łyżeczka Biały pieprz
- Dziewica Oliwa olej

INSTRUKCJE:
a) Sok the cytryny. Łączyć wszystkie składniki Ale the olej W the miska z A żywność edytor, zakręt NA, I powoli mżawka W Oliwa olej Jak składniki Czy istnienie obrobiony Do A kremowy konsystencja.

34. Hummus z selerem i białą fasolą

SKŁADNIKI:
- ¼ funtów Spłukany osuszony w puszkach biały nerka; (cannellini) fasolki
- 1 łyżka Tahini; (sezam pasta)
- 2 łyżeczki Posiekana szalotki
- 2 łyżeczki Świeżo nękany cytrynowy sok
- ¼ łyżeczka Czosnek proszek
- 1 kropla Pieprz
- 1 łyżka Delikatnie posiekana świeży koperek LUB 1/2 łyżeczka wysuszony koper
- 2 średnie Seler żeberka cięcie do dziesięć 2\' sztuki

INSTRUKCJE:
a) Po prostu Światło Gotowanie W żywność edytor, łączyć wszystkie składniki z wyjątkiem koperek I seler I proces dopóki mieszanina przypomina A gładki pasta. Zamieszać W koperek. Rozpowszechnianie się jakiś równy kwota z fasola mieszanina na każdy sztuka z seler.

35. Egzotyczny hummus fasolowy

SKŁADNIKI:
- 2 kubki Gotowany biały fasolki
- 1 łyżka Tahini; (sezam masło)
- 1 łyżka Posiekana czosnek
- 3 łyżka stołowa Świeży cytrynowy sok
- 2 łyżka stołowa Posiekana pietruszka
- 1 łyżeczka Posiekana Mennica; opcjonalny
- 1 łyżeczka Cały ziarno musztarda
- ¼ łyżeczka Gorący pieprz sezam olej; Lub Do smak
- Sól; Do smak
- Świeżo zmielony czarny pieprz; Do smak

INSTRUKCJE:
a) W A żywność edytor Lub mikser dodać Wszystko składniki z wyjątkiem the sezam olej I sól I pieprz I proces dopóki gładki. Dodać the gorący sezam olej I the sól I pieprz Do smak I łączyć z A para z krótki wybucha.

b) Cienki Jeśli pożądany z Niektóre z the fasola gotowanie płyn, woda Lub Maślanka.

c) Sklep pokryty W lodówka Do w górę Do 5 dni. Ten przepis Tworzy o 2 kubki z Hummus.

36.Wakacyjny hummus

SKŁADNIKI:
- 2 średnie Goździki z czosnek; (w górę Do 3)
- 1 garść Świeży pietruszka
- 2 duże Szalotki; cięcie do 1 cal sztuki
- 2 puszki (15-1/2 uncja) pisklę groszek; spłukany I osuszony
- 6 łyżka stołowa Tahini
- 6 łyżka stołowa Świeży cytrynowy sok
- 1 łyżeczka Sól

INSTRUKCJE:
a) Umieścić czosnek, pietruszka, I szalotki W A żywność edytor, I siekać.
b) Dodać the pisklę groszek, Tahini, cytrynowy sok, I sól, I puree Do A gruby pasta.
c) Sklep W A obcisły pokryty składowanie pojemnik I zamrażać.

37. Hummus z suszonymi pomidorami i kolendrą

SKŁADNIKI:

- 2½ filiżanka Gotowany ciecierzyca (1 filiżanka wysuszony), osuszony (rezerwa Niektóre z the płyn) -Lub-
- 1 Móc, (15 uncji) osuszony (rezerwa Niektóre z the płyn)
- 3 duże Czosnek goździki, delikatnie posiekana (Lub Do smak)
- ¼ filiżanka Cytrynowy sok
- 3 łyżka stołowa Oliwa olej -Lub-
- 2 łyżka stołowa Oliwa olej -I-
- 1 łyżka Czerwony pieprz przyprawiony Oliwa olej
- 3 łyżka stołowa Sezam tahini
- ¼ filiżanka Zwykły niskotłuszczowy Lub bez tłuszczu Jogurt (więcej Jeśli potrzebne)
- ½ łyżeczka Kminek
- 3 Suszone na słońcu pomidory W olej, posiekana mniej więcej (w górę Do 4)
- ¼ filiżanka Świeży kolendra, delikatnie posiekana
- Sól
- 1 kropla Cayenne pieprz, Lub Do smak (opcjonalny)
- Niektóre delikatnie posiekana świeży kolendra Do garnirunek

INSTRUKCJE:

a) Siekać the czosnek W A żywność edytor wyposażone z the stal ostrze. Dodać the ciecierzyca. Proces Do o A minuta, dopóki the ciecierzyca Czy posiekana I mączny.

b) Dodać the cytrynowy sok, Oliwa olej, Tahini, połowa z the Jogurt I A kropla z Cayenne pieprz. Proces dopóki gładki. Cienki na zewnątrz Jak pożądany z the pozostały Jogurt I Niektóre dodatkowy Oliwa olej. The mieszanina powinien Być gładki Ale nie cieknący. Jeśli the mieszanina wydaje się zbyt suchy, dodać A fragment z the skryty płyn z the ciecierzyca Lub A fragment więcej olej.

c) Usunąć mieszanina z the żywność edytor I miejsce W miska. Zamieszać W the posiekana suszone na słońcu pomidory I the delikatnie posiekana kolendra. Smak I regulować przyprawy. Garnirunek z the dodatkowy posiekana kolendra.

d) Podawać z surowy warzywa i/lub Pita chleb pokrojony do trójkątny kliny.

38. Hummus z prażonymi orzeszkami piniowymi i oliwą pietruszkową

SKŁADNIKI:
- ¼ filiżanka zapakowane świeży płaskolistne pietruszka gałązki
- ; plus 2 Do 3 dodatkowy gałązki
- ¾ filiżanka Ekstra dziewica Oliwa olej
- 3 łyżka stołowa Sosna orzechy
- 1 łyżeczka Kminek posiew
- 2 puszki Ciecierzyca; (19 uncji)
- 4 Czosnek goździki
- ⅔ filiżanka Dobrze wymieszany tahini*; (Środek Wschodni
- ; sezam pasta)
- ⅔ filiżanka Woda
- 5 łyżka stołowa Świeży cytrynowy sok
- 1 łyżeczka Sól
- Opieczony Pita frytki

INSTRUKCJE:
a) Rozgrzej piekarnik Do 350 stopni.
b) W A mikser Lub mały żywność edytor puree ¼ filiżanka pietruszka z ¼ filiżanka olej. Wlać mieszanina Poprzez A Cienki sito ustawić nad A miska, pilny twardy NA ciała stałe, I wyrzucać ciała stałe.
c) W A mały pieczenie patelnia toast sosna orzechy I kminek posiew, poruszający sporadycznie, dopóki orzechy Czy złoty, o 10 minuty.
d) W A durszlak płukanie I odpływ ciecierzyca I W A żywność edytor puree ½ filiżanka z czosnek dopóki czosnek Jest delikatnie mielony.
e) Dodać Tahini, woda, cytrynowy sok, sól, pozostały ciecierzyca, I pozostały ½ filiżanka Oliwa olej I puree dopóki gładki. Przepis móc Być przygotowany w górę Do Ten punkt 3 dni dalej.
f) Trzymać Hummus I pietruszka olej schłodzony, pokryty, I sosna orzechy I kminek posiew W jakiś hermetyczny pojemnik Na pokój temperatura. Przynieść pietruszka olej Do pokój temperatura zanim za pomocą.
g) Rozebrać się liście z dodatkowy pietruszka gałązki. Dzielić Hummus między 2 płytki dania I gładki najfatalniejszy. Mżawka Hummus z pietruszka olej I posypać z pietruszka, sosna orzechy, I kminek posiew.
h) Podawać Hummus z Pita tosty.

39. Hummus z dynią i granatem

SKŁADNIKI:
- 1 filiżanka Gotowany ciecierzyca
- 1 filiżanka Dynia, gotowany I tłuczony, Lub w puszkach dynia
- 2 łyżka stołowa Tahini, oryg zwany Do 1/3 filiżanka
- ¼ filiżanka Świeży pietruszka, mielony
- 3 Goździki czosnek, mielony
- 2 Granaty

INSTRUKCJE:
a) Pita chleb, podział I rozgrzany, Lub Inny krakersy, chleb, warzywa
b) Puree the ciecierzyca, dynia, Tahini, pietruszka, I czosnek dopóki gładki.
c) Przenosić Do A porcja płyta.
d) Chleb otwarty the granaty I oddzielny the posiew z the wewnętrzny membrana. Posypać On posiew nad the Hummus serw schłodzony Lub Na pokój temperatura z the pity Lub Inny „drapacze".

40. Hummus z dodatkiem pomidorów

SKŁADNIKI:
- 16 puszki Ciecierzyca
- 1 Cytrynowy
- 1 Goździk czosnek
- ½ łyżeczka Tahini
- 2 łyżka stołowa Oliwa olej
- ½ łyżeczka Sól
- 1 Cebula
- 1 Pomidor
- 1 filiżanka Gruboziarnisty posiekana pietruszka

INSTRUKCJE:
a) Odpływ the ciecierzyca, rezerwacja ¼ filiżanka płyn. Ściskać the sok z the cytrynowy.
b) Siekać the czosnek, puree the ciecierzyca I skryty płyn, cytrynowy sok, czosnek, Tahini, olej I sól W A żywność edytor dopóki bardzo gładki.
c) Siekać the cebula I pomidor I podrzucenie z the pietruszka. Umieścić the Hummus NA A płyta I zorganizować the smakować Następny Do To.
d) Mżawka the Hummus z dodatkowy Oliwa olej.

41. Niskotłuszczowy dip hummusowy

SKŁADNIKI:
- 1 Móc (16 uncja) Garbanzo fasolki; ciecierzyca
- 1 łyżeczka Tahini
- 1 łyżeczka Ekstra dziewica Oliwa olej
- 1 łyżeczka Posiekana czosnek
- 1 łyżka Woda
- ¼ łyżeczka Pieprz
- 2 łyżeczki Świeży cytrynowy sok
- Cayenne pieprz Do smak
- ½ łyżeczka Kminek
- ⅛ łyżeczka Sól
- 2 Ugotowane na twardo jajka; żółtka REMOVED
- 2 łyżka stołowa Posiekana czarny oliwki
- 1 Gałązka pietruszka

INSTRUKCJE:
a) Odpływ I płukanie the Garbanzo fasolki. Próbować Do usunąć Jak dużo z the luźny zewnętrzny pokrycie z the fasolki podczas the płukanie proces Jak możliwy. Wyrzucać te zewnętrzny pokrycia. Proces wszystkie składniki z wyjątkiem the jajka, oliwki, I pietruszka W A mikser Lub żywność edytor dopóki gładki. Miejsce W A porcja danie.

b) Usunąć the jajko żółtka I ratować Do inny przepis Lub wyrzucać. Siekać the jajko upławy do mały sztuki, mieszać z the oliwki, I posypać nad the zanurzać.

c) Garnirunek z pietruszka Do podawać.

42. Hummus z Saskatchewan

SKŁADNIKI:
- ¼ filiżanka Arachid masło
- ½ łyżeczka Kminek
- ½ łyżeczka Sól
- 2 goździki Czosnek
- 2 łyżka stołowa Cytrynowy sok
- 3 łyżka stołowa ;gorący woda
- 1 łyżeczka Sezam olej
- 2½ filiżanka Żółty podział groszek; gotowany
- Świeży pietruszka
- Orzeszki ziemne; opcjonalny
- Czarny oliwki; opcjonalny

Bardzo Hummus przepisy początek z Garbanzo fasolki; Ten zmiana wykorzystuje żółty podział groszek I A mały arachid masło.

INSTRUKCJE:
a) Łączyć arachid masło, kminek, sól I czosnek. Dodać cytrynowy sok, gorący woda I sezam olej; mieszać dokładnie. Puree the podział groszek; dodać arachid masło I mieszać. Garnirunek z pietruszka I opcjonalnie posiekana orzeszki ziemne Lub pokrojony czarny oliwki. Podawać z Pita chleb I świeży warzywa Do zanurzenie.

43. Hummus pesto

SKŁADNIKI:

- 1 Móc Ciecierzyca (garbanzo fasolki), Prawie osuszony (trzymać sok)
- 2 pęczki Bazylia (Lub Więc), posiekana.
- ½ Cytrynowy sok

INSTRUKCJE:

a) Umieścić ciecierzyca, bazylia, I Niektóre z the cytrynowy do miska. Puree za pomocą mikser. Dodać cytrynowy sok dopóki konsystencja I smak Czy przyjemny. Jeśli Nadal zbyt gruby, Ty Móc dodać Niektóre z the resztki sok z the groch włoski Móc. Podawać Jak A zanurzać Lub używać Jak A rozpowszechnianie się NA świeży chleb.

44. Kremowy hummus z kalafiora

SKŁADNIKI:
- 1 kalafior głowa, cięcie do różyczki
- 2 łyżka świeży Limonka sok
- 1 łyżeczka czosnek, posiekana
- 1/3 filiżanka tahini
- 3 łyżka Oliwa olej
- Pieprz
- Sól

INSTRUKCJE:
a) Rozpowszechnianie się kalafior na the arkusz patelnia.
b) Wybierać upiec tryb Następnie ustawić the temperatura Do 400 °F I czas Do 35 minuty. Naciskać początek.
c) Raz the Powietrze Frytkownica Piekarnik Jest Przegrzany Następnie miejsce the arkusz patelnia do the piekarnik.
d) Przenosić kalafior do the żywność edytor. Dodać pozostałe składniki I proces dopóki gładki.
e) Podawać I Cieszyć się.

45. Hummus z pieczonej marchewki

SKŁADNIKI:
- 1 Móc z ciecierzyca, spłukany I osuszony.
- 3 marchew.
- 1 Goździk czosnek.
- 1 łyżeczka z papryka.
- 1 załadowany łyżka z tahini.
- The sok z 1 cytrynowy
- 2 Łyżka stołowa z dodatkowy dziewica Oliwa olej.
- 6 Łyżka stołowa z woda.
- ½ łyżeczki kminek proszek.
- Sól Do smak.

INSTRUKCJE:
a) Rozgrzej the piekarnik Do 400° F. Myć się I obierać the marchew I cięcie ich do mały sztuki, umieścić ich NA A pieczenie taca z A mżawka z Oliwa olej, A szczypta z sól I połowa A łyżeczka z papryka. Upiec Do o 35 minuty w górę dopóki the marchewka Jest miękki.

b) Brać ich na zewnątrz z the piekarnik I pozwalać Fajny.

Chwila Oni Fajny, przygotowywać the Hummus: myć się I odpływ Dobrze the ciecierzyca I umieścić ich W A żywność młyn z the odpoczynek z the aktywny składniki I procedura dopóki Ty Widzieć A dobrze połączone mieszanina. Następnie dodać the marchew I the czosnek I procedura Ponownie!

BABA GANUSH

46.Baba Ganousz

SKŁADNIKI:
- 1 Duży bakłażan
- Garść pietruszki
- 1-2 ząbki czosnku
- Sok z 2 cytryn
- 2 łyżki tahini
- Sól i czarny pieprz do smaku

INSTRUKCJE:
a) Rozgrzej grill do średniej mocy i piecz bakłażana w całości przez około pół godziny.
b) Kroimy w kostkę i łyżką wyskrobujemy wnętrze, a następnie przekładamy miąższ na sitko.
c) Mieszaj, aż będzie gładka.

47.Dip z pieczonego bakłażana w dymie

SKŁADNIKI:
- 3 bakłażany kuliste (łącznie około 3 funtów, czyli 1,35 kg)
- 1 czerwona cebula, nieobrana
- 2 ząbki czosnku, posiekane
- ¼ szklanki (60 ml) oliwy z oliwek i trochę do skropienia
- ¾ łyżeczki soli koszernej i więcej do przyprawienia
- ¼ szklanki (60 g) tahini
- 2 łyżki (30 ml) świeżego soku z cytryny
- ¼ łyżeczki mielonego kminku
- Garść posiekanej świeżej pietruszki i trochę do dekoracji
- Sumak do dekoracji

INSTRUKCJE:
a) Przygotuj gorący, jednopoziomowy ogień w palenisku i rozłóż węgle na płaskiej, jednolitej warstwie o głębokości co najmniej 2 cali (5 cm).
b) Bakłażany nakłuć widelcem w kilku miejscach.
c) Połóż bakłażany i czerwoną cebulę bezpośrednio na węglach. Grilluj, obracając od czasu do czasu, aż bakłażany się rozpadną, miąższ będzie bardzo miękki, a skórka zwęglona na całej powierzchni, około 20 minut w przypadku bakłażanów i 30 minut w przypadku cebuli.
d) Warzywa przełożyć na deskę do krojenia i ostudzić.
e) Bakłażany przekrój wzdłuż na pół. Wydrąż miąższ i umieść go na sitku. (Możesz zostawić kilka przypalonych kawałków, bo dodają smaku.) Odcedź przez co najmniej 15 minut, rozgniatając miąższ grzbietem łyżki, jeśli to konieczne, aby uwolnić nadmiar płynu.
f) W międzyczasie obierz i obierz cebulę. Grubo posiekaj i przełóż do robota kuchennego. Dodać czosnek, oliwę i sól. Zmiksuj na gęste puree. Dodaj bakłażana, tahini, sok z cytryny i kminek. Miksuj, aż składniki się połączą, ale nadal będą miały pewną konsystencję. Posmakuj i dodaj więcej soli, według uznania.
g) Przełóż baba ghanoush do średniej miski i wymieszaj z pietruszką.
h) Skropić odrobiną oliwy z oliwek, posypać szczyptą sumaka i udekorować natką pietruszki przed podaniem.

48. Włoska Baba Ghanoush

SKŁADNIKI:
- 4 duże włoskie bakłażany
- 2 ząbki zmiażdżonego czosnku
- 2 łyżeczki soli koszernej lub do smaku
- 1 cytryna, wyciśnięta sok lub więcej do smaku
- 3 łyżki tahini lub więcej do smaku
- 3 łyżki oliwy z oliwek extra virgin
- 2 łyżki zwykłego jogurtu greckiego
- 1 szczypta pieprzu cayenne lub do smaku
- 1 liść świeżej mięty, posiekany (opcjonalnie)
- 2 łyżki posiekanej świeżej włoskiej pietruszki

INSTRUKCJE:
a) Rozgrzej grill zewnętrzny na średnim ogniu i lekko naoliwij ruszt.
b) Nakłuj powierzchnię skórki bakłażana kilka razy czubkiem noża.
c) Połóż bakłażany bezpośrednio na grillu. Podczas zwęglenia skóry często obracaj szczypcami.
d) Gotuj, aż bakłażany opadną i będą bardzo miękkie, około 25 do 30 minut.
e) Przełożyć do miski, szczelnie przykryć folią aluminiową i odstawić do ostygnięcia na około 15 minut.
f) Gdy bakłażany ostygną, przekrój je na pół i zeskrob miąższ na durszlak umieszczony nad miską.
g) Odcedzić przez 5 lub 10 minut.
h) Przełożyć bakłażana do miski miksującej, dodać zmiażdżony czosnek i sól.
i) Zacieraj, aż masa będzie kremowa, ale o lekkiej konsystencji, około 5 minut.
j) Wymieszaj sok z cytryny, tahini, oliwę z oliwek i pieprz cayenne.
k) Wymieszaj jogurt.
l) Przykryj miskę folią i przechowuj w lodówce aż do całkowitego ochłodzenia, około 3 lub 4 godzin.
m) Smakuj, aby dostosować przyprawy.
n) Przed podaniem wymieszaj z posiekaną miętą i posiekaną natką pietruszki.

49. Burak Baba Ganoush

SKŁADNIKI:
- 2 średnie buraki, upieczone i obrane
- 2 średnie bakłażany, upieczone i obrane
- 2 ząbki czosnku, posiekane
- 2 łyżki tahini
- Sok z 1 cytryny
- 2 łyżki oliwy z oliwek
- Sól i pieprz do smaku
- Świeża natka pietruszki, posiekana (do dekoracji)

INSTRUKCJE:
a) Rozgrzej piekarnik do 200°C (400°F). Buraki zawiń pojedynczo w folię aluminiową i piecz przez około 45-60 minut lub do miękkości. Pozwól im ostygnąć, a następnie obierz je i pokrój w kostkę.
b) Piec bakłażany razem z burakami przez około 30–40 minut lub do momentu, aż skórka się zwęgli, a miąższ będzie miękki. Pozwól im ostygnąć, a następnie obierz je i pokrój w kostkę.
c) W robocie kuchennym wymieszaj pieczone buraki, pieczony bakłażan, posiekany czosnek, tahini, sok z cytryny i oliwę z oliwek. Mieszaj, aż będzie gładka.
d) Dopraw solą i pieprzem do smaku. W razie potrzeby dostosuj konsystencję, dodając oliwę z oliwek lub tahini.
e) Przełóż baba ganoush z buraków do miski i przed podaniem udekoruj posiekaną świeżą pietruszką.
f) Podawaj z chlebem pita, krakersami lub pokrojonymi warzywami.

50.Awokado Baba Ganoush

SKŁADNIKI:

- 2 dojrzałe awokado
- 2 średnie bakłażany, upieczone i obrane
- 2 ząbki czosnku, posiekane
- 2 łyżki tahini
- Sok z 1 limonki
- 2 łyżki oliwy z oliwek
- Sól i pieprz do smaku
- Posiekana kolendra (do dekoracji)

INSTRUKCJE:

a) W robocie kuchennym połącz miąższ dojrzałego awokado, pieczone i obrane bakłażany, posiekany czosnek, tahini, sok z limonki i oliwę z oliwek. Mieszaj, aż będzie gładka.
b) Dopraw solą i pieprzem do smaku. W razie potrzeby dostosuj konsystencję, dodając oliwy z oliwek lub tahini.
c) Przełóż awokado baba ganoush do miski i przed podaniem udekoruj posiekaną kolendrą.
d) Podawać z chipsami tortilla, tostowym chlebem pita lub paluszkami warzywnymi do maczania.

51.Curry Baba Ganoush

SKŁADNIKI:
- 2 średnie bakłażany, upieczone i obrane
- 2 ząbki czosnku, posiekane
- 2 łyżki tahini
- Sok z 1 cytryny
- 2 łyżki oliwy z oliwek
- 1 łyżeczka curry w proszku
- 1/2 łyżeczki mielonego kminku
- 1/4 łyżeczki mielonej kolendry
- Sól i pieprz do smaku
- Świeża kolendra, posiekana (do dekoracji)

INSTRUKCJE:
a) W robocie kuchennym wymieszaj upieczone i obrane bakłażany, posiekany czosnek, tahini, sok z cytryny, oliwę z oliwek, curry w proszku, mielony kminek i mieloną kolendrę. Mieszaj, aż będzie gładka.
b) Dopraw solą i pieprzem do smaku. W razie potrzeby dostosuj przyprawę lub konsystencję, dodając dodatkowe przyprawy, sok z cytryny lub oliwę z oliwek.
c) Przełóż curry baba ganoush do miski i przed podaniem udekoruj posiekaną świeżą kolendrą.
d) Podawać z chlebkiem naan, chipsami pita lub surówkami warzywnymi do maczania.

52.Orzech Baba Ganoush

SKŁADNIKI:
- 2 średnie bakłażany, upieczone i obrane
- 1/2 szklanki orzechów włoskich, prażonych
- 2 ząbki czosnku, posiekane
- 2 łyżki tahini
- Sok z 1 cytryny
- 2 łyżki oliwy z oliwek
- 1/4 łyżeczki mielonego kminku
- Sól i pieprz do smaku
- Świeża natka pietruszki, posiekana (do dekoracji)

INSTRUKCJE:
a) W robocie kuchennym wymieszaj upieczone i obrane bakłażany, prażone orzechy włoskie, posiekany czosnek, tahini, sok z cytryny, oliwę z oliwek i mielony kminek. Mieszaj, aż będzie gładka.
b) Dopraw solą i pieprzem do smaku. W razie potrzeby dostosuj przyprawę lub konsystencję, dodając dodatkowy sok z cytryny lub oliwę z oliwek.
c) Baba ganoush z orzechami włoskimi przełożyć do miski i przed podaniem udekorować posiekaną świeżą pietruszką.
d) Podawać z krakersami, paluszkami chlebowymi lub surówkami warzywnymi do maczania.

53. Pieczona Czerwona Papryka Baba Ganoush

SKŁADNIKI:
- 2 średnie bakłażany, upieczone i obrane
- 2 pieczone czerwone papryki, obrane i pozbawione nasion
- 2 ząbki czosnku, posiekane
- 2 łyżki tahini
- Sok z 1 cytryny
- 2 łyżki oliwy z oliwek
- Szczypta wędzonej papryki
- Sól i pieprz do smaku
- Posiekane świeże liście bazylii (do dekoracji)

INSTRUKCJE:
a) W robocie kuchennym wymieszaj upieczone i obrane bakłażany, pieczoną czerwoną paprykę, posiekany czosnek, tahini, sok z cytryny, oliwę z oliwek i wędzoną paprykę. Mieszaj, aż będzie gładka.
b) Dopraw solą i pieprzem do smaku. W razie potrzeby dostosuj przyprawę lub konsystencję, dodając dodatkowy sok z cytryny lub oliwę z oliwek.
c) Przełóż pieczoną paprykę baba ganoush do miski i przed podaniem udekoruj posiekanymi liśćmi świeżej bazylii.
d) Podawać z chipsami pita, podpłomykiem lub paluszkami warzywnymi do maczania.

54. Granat Baba Ganoush

SKŁADNIKI:
- 2 średnie bakłażany, upieczone i obrane
- Nasiona z 1 granatu
- 2 ząbki czosnku, posiekane
- 2 łyżki tahini
- Sok z 1 cytryny
- 2 łyżki oliwy z oliwek
- Szczypta mielonego cynamonu
- Sól i pieprz do smaku
- Świeże liście mięty, posiekane (do dekoracji)

INSTRUKCJE:
a) W robocie kuchennym wymieszaj upieczone i obrane bakłażany, pestki z jednego granatu, posiekany czosnek, tahini, sok z cytryny, oliwę z oliwek i mielony cynamon. Mieszaj, aż będzie gładka.
b) Dopraw solą i pieprzem do smaku. W razie potrzeby dostosuj przyprawę lub konsystencję, dodając dodatkowy sok z cytryny lub oliwę z oliwek.
c) Baba ganoush z granatem przełóż do miski i przed podaniem udekoruj posiekanymi listkami świeżej mięty.
d) Podawać z tostowym chlebem pita, krakersami z lawaszu lub surowymi warzywami do maczania.

55. Pasta z bakłażana i orzecha włoskiego

SKŁADNIKI:
- 2 łyżka stołowa Oliwa olej
- 1 mały cebula, posiekana
- 1 mały bakłażan, obrane I cięcie do -cal kostka do gry
- 2 czosnek goździki, posiekana
- łyżeczka sól
- 1/8 łyżeczka grunt Cayenne
- filiżanka posiekana orzechy włoskie
- 1 łyżka świeży mielony bazylia
- 2 łyżka stołowa wegańskie majonez
- 2 łyżka stołowa posiekana świeży pietruszka, Do garnirunek

INSTRUKCJE:
a) W A duży rondel, ciepło the olej nad średni ciepło. Dodać the cebula, bakłażan, czosnek, sól, I Cayenne. Okładka I kucharz dopóki miękki, o 15 minuty. Zamieszać W the orzechy włoskie I bazylia I ustawić na bok Do Fajny.
b) Przenosić the chłodzony bakłażan mieszanina Do A żywność edytor. Dodać the majonez I proces dopóki gładki. Smak, naregulowanie przyprawy Jeśli niezbędny, I Następnie przenosić Do A średni miska I garnirunek z the pietruszka.
c) Jeśli nie za pomocą Prawidłowy z dala, okładka I zamrażać dopóki potrzebne.
d) Odpowiednio przechowywane, To będzie trzymać Do w górę Do 3 dni.

GUACAMOLE

56.Czosnkowe Guacamole

SKŁADNIKI:
- 2 awokado bez pestek
- 1 pomidor, wypestkowany i drobno posiekany
- ½ łyżki świeżego soku z limonki
- ½ małej żółtej cebuli, drobno posiekanej
- 2 ząbki czosnku, wyciśnięte
- ¼ łyżeczki soli morskiej
- Odrobina pieprzu
- Posiekany świeży liść kolendry

INSTRUKCJE:

a) Za pomocą tłuczka do ziemniaków rozgnieć awokado w małej misce.

b) Podawać natychmiast po wymieszaniu dodatkowych składników z puree z awokado.

57. Guacamole z koziego sera

SKŁADNIKI:
- 2 awokado
- 3 uncje koza ser
- skórka owocowa z 2 limonki
- cytrynowy sok z 2 limonki
- ¾ łyżeczka czosnek proszek
- ¾ łyżeczka cebula proszek
- ½ łyżeczka sól
- ¼ łyżeczka czerwony pieprz płatki (opcjonalny)
- ¼ łyżeczka pieprz

INSTRUKCJE:
a) Dodać awokado Do A żywność edytor I mieszanka dopóki gładki.
b) Dodać reszta z składniki I mieszanka dopóki rejestrowy.
c) Podawać z frytki.

58.Hummus guacamole

SKŁADNIKI:
- 1 każdy Dojrzały awokado, obrane
- 2 kubki Hummus bi tahini
- 1 każdy Szalotka, posiekana
- 1 mały Pomidor, posiekana
- 1 łyżka Zielony papryczki chili, posiekana
- Oliwa olej
- Kolendra, posiekana
- Pita

INSTRUKCJE:
a) Szufelka awokado do A średni miska. Zacier & dodać Hummus, mieszanka dokładnie. Łagodnie zamieszać W the szalotka, pomidor & papryczki chili.
b) Sprawdzać przyprawy. Okładka & zamrażać.
c) Zanim porcja, mżawka z Oliwa olej & garnirunek z kolendra.
d) Podawać z Pita kliny.

59.Kimchi Guacamole

SKŁADNIKI:
- 3 dojrzałe awokado, rozgniecione
- 1 szklanka kimchi, posiekana
- ¼ szklanki czerwonej cebuli, drobno pokrojonej
- 1 limonka, wyciśnięta sok
- Sól i pieprz do smaku
- Chipsy tortilla do podania

INSTRUKCJE:
a) W misce rozgnieć awokado.
b) Dodać posiekane kimchi, czerwoną cebulę, sok z limonki, sól i pieprz. Dobrze wymieszaj.
c) Podawaj guacamole kimchi z chipsami tortilla.

60.Dip Spirulina Guacamole

SKŁADNIKI:
- 2 awokado bez pestek
- Sok z 1 cytryny
- Sok z 1 limonki
- 1 ząbek czosnku, grubo posiekany
- 1 średnia żółta cebula, grubo posiekana
- 1 jalapeno, pokrojone w plasterki
- 1 szklanka liści kolendry
- 3 łyżki spiruliny
- 1 wypestkowany i posiekany pomidor lub ½ szklanki pomidorów winogronowych przekrojonych na pół
- Sól i pieprz do smaku

INSTRUKCJE:
a) Wszystkie składniki oprócz pomidorów włóż do blendera i miksuj do połączenia.
b) Wymieszać z pomidorami i doprawić do smaku.

61.Kokosowo-Limonkowe Guacamole

SKŁADNIKI:
- 2 dojrzałe awokado
- Sok z 1 limonki
- Skórka z 1 limonki
- 2 łyżki posiekanej świeżej kolendry
- 2 łyżki pokrojonej w kostkę czerwonej cebuli
- 2 łyżki wiórków kokosowych
- Sól i pieprz do smaku

INSTRUKCJE:
a) W misce rozgnieć dojrzałe awokado widelcem na kremową masę.
b) Dodać sok z limonki, skórkę z limonki, posiekaną kolendrę, pokrojoną w kostkę czerwoną cebulę, wiórki kokosowe, sól i pieprz.
c) Dobrze wymieszaj, aby połączyć wszystkie składniki.
d) Posmakuj i dopraw według uznania.
e) Podawaj guacamole kokosowo-limonkowe z chipsami tortilla lub użyj jako pysznego dodatku do tacos, kanapek lub sałatek.
f) Ciesz się kremowymi i pikantnymi smakami tego tropikalnego akcentu na guacamole!

62. Nori Guacamole

SKŁADNIKI:
- 1 awokado, obrane, wypestkowane i rozgniecione
- 1 szalotka, pokrojona w cienkie plasterki
- 1 łyżka świeżego soku z limonki
- 1 łyżka posiekanej kolendry
- Sól koszerna i świeżo zmielony pieprz
- 2 łyżki pokruszonych prażonych przekąsek z wodorostów
- Ciastka lub krakersy z brązowego ryżu do serwowania

INSTRUKCJE:
a) Połącz w misce awokado, szalotkę, sok z limonki i kolendrę.
b) Doprawić solą i pieprzem. Posyp prażonymi wodorostami i podawaj z ciastkami ryżowymi.

63. Guacamole z marakuji

SKŁADNIKI:
- 2 dojrzałe awokado, obrane i rozgniecione
- ¼ szklanki pokrojonej w kostkę czerwonej cebuli
- ¼ szklanki posiekanej świeżej kolendry
- 1 papryczka jalapeño, pozbawiona nasion i pokrojona w kostkę
- 2 łyżki soku z limonki
- ¼ szklanki miąższu z marakui
- Sól i pieprz do smaku

INSTRUKCJE:
a) W misce wymieszaj puree z awokado, czerwoną cebulę, kolendrę, papryczkę jalapeño, sok z limonki i miazgę z marakui.
b) Doprawić solą i pieprzem.
c) Przed podaniem schłodzić w lodówce przez co najmniej 30 minut.
d) Podawać z chipsami tortilla lub jako dodatek do tacos.

64.Moringa guacamole

SKŁADNIKI:
- 2-4 łyżeczki proszku Moringa
- 3 Dojrzałe awokado
- 1 Mała czerwona cebula, drobno posiekana
- Garść pomidorków koktajlowych, umytych i drobno posiekanych
- 3 Liściaste gałązki kolendry, umyte i drobno posiekane
- Oliwa z oliwek z pierwszego tłoczenia, do skropienia
- Sok z 1 limonki
- Przyprawy: sól, pieprz, suszone oregano, papryka, mielone nasiona kolendry

INSTRUKCJE:
a) Awokado przekrój na pół, wypestkuj i grubo posiekaj. Odłóż na bok garść grubo posiekanego awokado.
b) Pozostałe składniki wlać do dużej miski, rozgnieść widelcem guacamole i dobrze wymieszać.
c) Dodaj resztę awokado i posyp listkami kolendry.

65.Mojito Guacamole

SKŁADNIKI:
- 3 dojrzałe awokado, rozgniecione
- ¼ szklanki czerwonej cebuli, drobno pokrojonej
- ¼ szklanki świeżej kolendry, posiekanej
- 1 jalapeño, nasiona usunięte i drobno posiekane
- 2 łyżki świeżego soku z limonki
- 1 łyżeczka cukru
- Sól i pieprz do smaku
- Chipsy tortilla do podania

INSTRUKCJE:
a) W misce wymieszaj puree z awokado, czerwoną cebulę, kolendrę, jalapeño i sok z limonki.
b) Wymieszaj cukier, sól i pieprz do smaku.
c) Podawaj z chipsami tortilla i ciesz się Mojito Guacamole!

66.Mimoza Guacamole

SKŁADNIKI:
- 2 dojrzałe awokado, rozgniecione
- ¼ szklanki pokrojonej w kostkę czerwonej cebuli
- ¼ szklanki pokrojonych w kostkę pomidorów
- ¼ szklanki posiekanej kolendry
- 1 jalapeno, pozbawione nasion i drobno posiekane
- 2 łyżki świeżego soku z limonki
- 2 łyżki szampana
- Sól i pieprz do smaku

INSTRUKCJE:
a) W średniej misce połącz puree z awokado, czerwoną cebulę, pomidory, kolendrę i jalapeno.
b) Wymieszaj świeży sok z limonki i szampana.
c) Dopraw solą i pieprzem do smaku.
d) Podawać z chipsami tortilla lub paluszkami warzywnymi do maczania.

67. Słonecznikowe Guacamole

SKŁADNIKI:
- 2 awokado
- Sok z ½ limonki
- ¼ łyżeczki soli
- ⅔ szklanki posiekanych pędów słonecznika
- ¼ szklanki drobno posiekanej czerwonej cebuli
- ½ jalapeno, drobno posiekane

INSTRUKCJE:
a)   Wszystkie składniki wrzucić do miski i zmiksować na puszystą masę.

68. Guacamole ze smoczych owoców

SKŁADNIKI:
- 1 smoczy owoc
- 2 dojrzałe awokado
- ¼ szklanki pokrojonej w kostkę czerwonej cebuli
- ¼ szklanki posiekanej kolendry
- 1 papryczka jalapeno, pozbawiona nasion i posiekana
- 2 łyżki soku z limonki
- Sól i pieprz do smaku
- Chipsy tortilla, do podania

INSTRUKCJE:
a) Smoczy owoc przekrój na pół i wydrąż miąższ.
b) W średniej misce rozgnieć awokado widelcem lub tłuczkiem do ziemniaków.
c) Dodaj smoczy owoc, czerwoną cebulę, kolendrę, papryczkę jalapeno, sok z limonki, sól i pieprz.
d) Dobrze wymieszaj i odstaw guacamole na co najmniej 10 minut, aby smaki się połączyły.
e) Podawać schłodzone z chipsami tortilla.

DIPY NA BAZIE TAHINI

69. Kremowy dip szpinakowo-tahini

SKŁADNIKI:
- 1 (10 uncji) pakiet z świeży Dziecko szpinak
- 1 Do 2 czosnek goździki
- 1 łyżeczka sól
- ⅓ filiżanka tahini (sezam pasta)
- Sok z 1 cytrynowy
- Grunt Cayenne
- 2 łyżeczki Opieczony sezam posiew, Do garnirunek

INSTRUKCJE:
a) Lekko para the szpinak dopóki zwiędły, o 3 minuty. Ściskać suchy I ustawić na bok.
b) W A żywność edytor, proces the czosnek I sól dopóki delikatnie posiekana. Dodać the gotowane na parze szpinak, Tahini, cytrynowy sok, I Cayenne Do smak.
c) Proces dopóki Dobrze mieszany I smak, naregulowanie przyprawy Jeśli niezbędny.
d) Przenosić the zanurzać Do A średni miska I posypać z the sezam posiew. Jeśli nie za pomocą Prawidłowy z dala, okładka I zamrażać dopóki potrzebne.
e) Odpowiednio przechowywane, To będzie trzymać Do w górę Do 3 dni.

70. Pikantny Dip Tahini z Pieczonej Czerwonej Papryki

SKŁADNIKI:
- 2 duże czerwone papryki, upieczone, obrane i pozbawione nasion
- 1/3 szklanki tahini
- 2 ząbki czosnku, posiekane
- Sok z 1 cytryny
- 1 łyżka oliwy z oliwek
- 1/2 łyżeczki kminku
- 1/4 łyżeczki wędzonej papryki
- Sól i pieprz do smaku
- Posiekana świeża pietruszka do dekoracji

INSTRUKCJE:
a) W robocie kuchennym wymieszaj pieczoną czerwoną paprykę, tahini, mielony czosnek, sok z cytryny, oliwę z oliwek, kminek i wędzoną paprykę. Mieszaj, aż będzie gładka.
b) Dopraw solą i pieprzem do smaku. W razie potrzeby dostosuj przyprawę lub konsystencję, dodając dodatkowy sok z cytryny lub tahini.
c) Przed podaniem przełóż dip do miski i udekoruj posiekaną świeżą natką pietruszki.
d) Podawać z chlebem pita, krakersami lub paluszkami warzywnymi do maczania.

71. Dip cytrynowo-ziołowy Tahini

SKŁADNIKI:
- 1/2 szklanki tahini
- Sok z 1 cytryny
- Skórka z 1 cytryny
- 2 ząbki czosnku, posiekane
- 2 łyżki posiekanej świeżej natki pietruszki
- 1 łyżka posiekanego świeżego koperku
- 1 łyżka posiekanej świeżej mięty
- 2 łyżki oliwy z oliwek
- Sól i pieprz do smaku
- Cienkie plasterki cytryny do dekoracji

INSTRUKCJE:

a) W misce wymieszaj tahini, sok z cytryny, skórkę z cytryny, posiekany czosnek, posiekaną natkę pietruszki, koper, miętę i oliwę z oliwek, aż dobrze się połączą.

b) Dopraw solą i pieprzem do smaku. W razie potrzeby dostosuj przyprawę lub konsystencję, dodając dodatkowy sok z cytryny lub tahini.

c) Przed podaniem przełóż dip do miski i udekoruj plasterkami cytryny.

d) Podawać z tostowym chlebem pita, plasterkami ogórka lub jako pasta do kanapek.

72. Kremowy Dip Tahini z Buraków

SKŁADNIKI:
- 1 średni burak, upieczony, obrany i pokrojony w kostkę
- 1/3 szklanki tahini
- 2 ząbki czosnku, posiekane
- Sok z 1 cytryny
- 1 łyżka oliwy z oliwek
- 1/2 łyżeczki mielonego kminku
- Sól i pieprz do smaku
- Prażone nasiona sezamu do dekoracji

INSTRUKCJE:
a) W robocie kuchennym wymieszaj pieczone i pokrojone w kostkę buraki, tahini, mielony czosnek, sok z cytryny, oliwę z oliwek i mielony kminek. Mieszaj, aż będzie gładka.
b) Dopraw solą i pieprzem do smaku. W razie potrzeby dostosuj przyprawę lub konsystencję, dodając dodatkowy sok z cytryny lub tahini.
c) Przed podaniem przełóż dip do miski i udekoruj prażonymi ziarnami sezamu.
d) Podawać z surowymi warzywami, paluszkami chlebowymi lub jako kolorowy dodatek do półmiska mezze.

73. Dip Tahini z suszonych pomidorów i bazylii

SKŁADNIKI:
- 1/2 szklanki tahini
- 1/4 szklanki suszonych pomidorów (w oleju), odsączonych i posiekanych
- 2 łyżki posiekanych świeżych liści bazylii
- 2 ząbki czosnku, posiekane
- Sok z 1 cytryny
- 2 łyżki oliwy z oliwek
- Sól i pieprz do smaku
- Orzeszki piniowe do dekoracji (opcjonalnie)

INSTRUKCJE:
a) W robocie kuchennym wymieszaj tahini, suszone pomidory, posiekaną bazylię, przeciśnięty przez praskę czosnek, sok z cytryny i oliwę z oliwek. Mieszaj, aż będzie gładka.
b) Dopraw solą i pieprzem do smaku. W razie potrzeby dostosuj przyprawę lub konsystencję, dodając dodatkowy sok z cytryny lub tahini.
c) Przenieś dip do miski i udekoruj orzeszkami pinii, jeśli chcesz, przed podaniem.
d) Podawać z paluszkami chlebowymi, krakersami lub surówkami warzywnymi do maczania.

74.Dip Tahini z kurkumą i imbirem

SKŁADNIKI:
- 1/2 szklanki tahini
- 1 łyżeczka mielonej kurkumy
- 1 łyżeczka startego świeżego imbiru
- 2 ząbki czosnku, posiekane
- Sok z 1 cytryny
- 2 łyżki oliwy z oliwek
- Szczypta pieprzu cayenne
- Sól i pieprz do smaku
- Posiekana świeża kolendra do dekoracji

INSTRUKCJE:

a) W misce wymieszaj tahini, mieloną kurkumę, starty imbir, posiekany czosnek, sok z cytryny, oliwę z oliwek i szczyptę pieprzu cayenne. Mieszaj, aż dobrze się połączą.

b) Dopraw solą i pieprzem do smaku. W razie potrzeby dostosuj przyprawę lub konsystencję, dodając dodatkowy sok z cytryny lub tahini.

c) Przed podaniem przełóż dip do miski i udekoruj posiekaną świeżą kolendrą.

d) Podawać z chlebkiem naan, chipsami pita lub jako dip do pieczonych warzyw.

75.Dip Klonowo-Cynamonowy Tahini

SKŁADNIKI:
- 1/2 szklanki tahini
- 2 łyżki syropu klonowego
- 1/2 łyżeczki mielonego cynamonu
- 1/4 łyżeczki ekstraktu waniliowego
- Szczypta soli morskiej
- Sok z 1/2 cytryny
- 2-3 łyżki wody (opcjonalnie, do rozcieńczenia)
- Pokrojone jabłka, gruszki lub precle do maczania

INSTRUKCJE:
a) W misce wymieszaj tahini, syrop klonowy, mielony cynamon, ekstrakt waniliowy, szczyptę soli morskiej i sok z cytryny, aż masa będzie gładka.
b) Jeśli dip jest zbyt gęsty, dodawaj wodę, po jednej łyżce na raz, aż do uzyskania pożądanej konsystencji.
c) Przełóż dip do miski i podawaj z pokrojonymi jabłkami, gruszkami lub preclami do maczania.
d) Ciesz się słodką i kremową przekąską lub dipem deserowym.

Dipy serowe

76. Dip Ceglany Serowy

SKŁADNIKI:
- 3 uncja ricotta ser
- 3 uncja świeżo tarty cegła ser
- 3 Łyżka stołowa świeży tymianek liście
- 6 uncja koza ser
- 1 uncja Parmezan twardy ser, świeżo tarty
- 4 paski grubo cięty boczek, gotowany I rozdrobniony
- Sól I pieprz, Do smak

INSTRUKCJE:
a) Przygotowywać the piekarnik Do pieczenie.
b) Łączyć Wszystko z składniki W A pieczenie danie.
c) Posypać the Parmezan ser nad the danie.
d) Upiec W A Przegrzany piekarnik Do 5 minuty, Lub dopóki the ser zaczyna się Do brązowy I bańka.
e) Usunąć z the piekarnik I podawać natychmiast.

77.Dip z sera pleśniowego i sera Gouda

SKŁADNIKI:
- 2 łyżka stołowa nieposolony masło
- 1 filiżanka słodki cebula, pokrojone w kostkę
- 2 kubki krem ser, Na pokój temperatura
- ⅛ łyżeczka sól
- ⅛ łyżeczka biały pieprz
- ⅓ filiżanka Montucky'ego Zimno Przekąski
- 1 ½ kubki posiekana podróbka kurczak
- ½ filiżanka Miód musztarda, plus więcej Do mżawka
- 2 łyżka stołowa ranczo ubieranie się
- 1 filiżanka rozdrobnione ser Cheddar ser
- 2 kubki Gouda ser, rozdrobnione
- 2 łyżka stołowa niebieski ser ubieranie się
- ⅓ filiżanka rozdrobniony niebieski ser, plus więcej Do byczy
- ¾ filiżanka Miód grill sos, plus więcej Do mżawka

INSTRUKCJE:
a) W A duży rondel, stopić the masło nad Niski ciepło.
b) Zamieszać W the pokrojone w kostkę cebule I pora roku z sól I pieprz.
c) Kucharz Do 5 minuty, Lub dopóki nieznacznie zmiękczony.
d) Kucharz, poruszający często, dopóki the cebule karmelizować, o 25 Do 30 minuty.
e) Rozgrzej the piekarnik Do 375° F.
f) Płaszcz A 9 cali pieczenie danie z nie klei się gotowanie rozpylać.
g) Łączyć the krem ser, Wszystko z the ser, grill sos, Miód musztarda, ranczo ubieranie się, I niebieski ser W A duży mieszanie miska.
h) Dodać the karmelizowany cebule I podróbka kurczak.
i) Miejsce the rzadkie ciasto W A pieczenie danie.
j) Garnirunek z the pozostały ser.
k) Upiec the zanurzać Do 20–25 minuty, Lub dopóki złoty.
l) Podawać natychmiast.

78.Dip z serka śmietankowego i miodu

SKŁADNIKI:
- 2 uncje serka śmietankowego
- 2 łyżki miodu
- ¼ szklanki wyciśniętego soku pomarańczowego
- ½ łyżeczki mielonego cynamonu

INSTRUKCJE:
a) Mieszaj wszystko, aż będzie gładkie.

79.Dip z Kurczaka Buffalo

SKŁADNIKI:
- 2 szklanki rozdrobnionego gotowanego kurczaka
- 8 uncji serka śmietankowego, zmiękczonego
- ½ szklanki gorącego sosu
- ½ szklanki sosu ranczo
- 1 szklanka startego sera cheddar
- ¼ szklanki pokruszonego sera pleśniowego (opcjonalnie)
- Do podania chipsy tortilla lub paluszki selerowe

INSTRUKCJE:
a) Rozgrzej piekarnik do 350°F.
b) W dużej misce wymieszaj posiekanego kurczaka, serek śmietankowy, ostry sos i dressing ranczo. Mieszaj, aż dobrze się połączą.
c) Rozłóż mieszaninę na 9-calowej formie do pieczenia i posyp posiekanym serem cheddar i kruszonką sera pleśniowego (jeśli używasz).
d) Piec przez 20-25 minut lub do momentu, aż będzie gorące i musujące.
e) Podawać na gorąco z chipsami tortilla lub paluszkami selera.

80.Pikantny dip z dyni i serka śmietankowego

SKŁADNIKI:

- 8 uncji serka śmietankowego
- 15 uncji niesłodzonej dyni konserwowej
- 1 łyżeczka cynamonu
- ¼ łyżeczki ziela angielskiego
- ¼ łyżeczki gałki muszkatołowej
- 10 orzechów pekan, rozgniecionych

INSTRUKCJE:

a) Ubij serek śmietankowy i dynię z puszki w mikserze na kremową masę.
b) Mieszaj cynamon, ziele angielskie, gałkę muszkatołową i orzechy pekan, aż składniki się dokładnie połączą.
c) Przed podaniem schłodzić przez godzinę w lodówce.

81. Bawarski dip/smarunek imprezowy

SKŁADNIKI:

- ½ szklanki cebuli, posiekanej
- 1 funt braunschweigera
- 3 uncje serka śmietankowego
- ¼ łyżeczki czarnego pieprzu

INSTRUKCJE:

a) Smaż cebulę 8-10 minut, często mieszając; zdjąć z ognia i odcedzić.
b) Zdejmij osłonkę z sera Braunschweiger i wymieszaj mięso z serkiem śmietankowym na gładką masę. Wymieszać z cebulą i pieprzem.
c) Podawać jako wątróbkę smarowaną na krakersach, cienkich plasterkach żyta imprezowego lub podawać jako dip w towarzystwie różnych świeżych, surowych warzyw, takich jak marchew, seler, brokuły, rzodkiewki, kalafior lub pomidorki koktajlowe.

82.Dip imprezowy z pieczonego karczocha

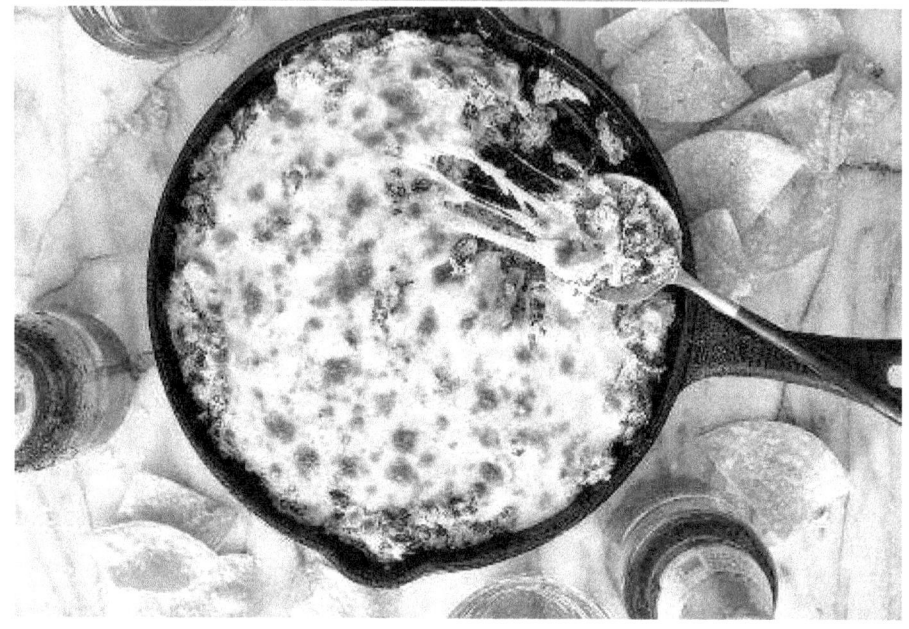

SKŁADNIKI:

- 1 Bochenek dużego ciemnego chleba żytniego
- 2 łyżki masła
- 1 pęczek zielonej cebuli; posiekana
- 6 ząbków świeżego czosnku; drobno posiekane, do 8
- 8 uncji serka śmietankowego; w temp. pokojowej
- 16 uncji Kwaśna śmietana
- 12 uncji Rozdrobniony ser cheddar
- 14-uncjowa puszka serc karczochów; odcedzić i pokroić w ćwiartki

INSTRUKCJE:

a) W górnej części bochenka chleba wytnij otwór o średnicy około 5 cali. Usuń miękki chleb z pokrojonej części i wyrzuć.
b) Zarezerwuj skórkę, aby zrobić wierzch bochenka.
c) Wydrążyć większość miękkiej wewnętrznej części bochenka i zachować do innych celów, takich jak farsz lub suszona bułka tarta. W maśle,
d) Smaż zieloną cebulę i czosnek, aż cebula zwiędnie. Serek śmietankowy pokroić na małe kawałki, dodać cebulę, czosnek, śmietanę i ser cheddar. Dobrze wymieszaj. Złożyć serca karczochów i całą tę mieszaninę uformować w wydrążony chleb. Połóż wierzch na chlebie i zawiń w wytrzymałą folię aluminiową. Piec w piekarniku nagrzanym na 350 stopni przez 1,5 godziny.
e) Gdy będzie gotowe, zdejmij folię i podawaj, używając chleba żytniego koktajlowego do zanurzenia sosu.

83. Pubowy dip serowy

SKŁADNIKI:

- 3 łyżka stołowa grubo posiekana, konserwowy papryczka jalapeno papryka
- 1 filiżanka twardy cydr
- ⅛ łyżeczka grunt czerwony pieprz
- 2 kubki rozdrobnione dodatkowy ostry, żółty ser Cheddar ser
- 2 kubki rozdrobnione Colby'ego Ser
- 2 łyżka stołowa skrobia kukurydziana
- 1 łyżka Dijon musztarda
- 60 krakersy

INSTRUKCJE:

a) W A średni mieszanie miska, łączyć ser Cheddar ser, Colby'ego ser, I skrobia kukurydziana. Miejsce na bok.

b) W A średni rondel, łączyć cydr I musztarda.

c) Kucharz dopóki wrzenie nad średni wzrost ciepło.

d) Powoli śmigać W the ser mieszanina, A mały Na A czas, dopóki gładki.

e) Zakręt wyłączony the ciepło.

f) Zamieszać W the papryczka jalapeno I czerwony papryka.

g) Miejsce the mieszanina W A 1 kwarta powolny kuchenka Lub fondue garnek.

h) Trzymać ciepły NA Niski ciepło.

i) Podawać wzdłuż krakersy.

84. Dip do pizzy o niskiej zawartości węglowodanów

SKŁADNIKI:
- 6 uncje kremowy Ser mikrofalowo
- ¼ filiżanka Kwaśny Krem
- ½ filiżanka ser Mozzarella Ser, rozdrobnione
- Sól I Pieprz Do Smak
- ¼ filiżanka majonez
- ½ filiżanka ser Mozzarella Ser, rozdrobnione
- ½ filiżanka Niskowęglowodanowy Pomidor sos
- ¼ filiżanka Parmezan Ser

INSTRUKCJE:

a) Rozgrzej the piekarnik Do 350 stopni Fahrenheita.

b) Mieszać the krem ser, kwaśny krem, majonez, mozzarella , sól I pieprz.

c) Wlać do ramekiny I rozpowszechnianie się Pomidor sos nad każdy ramekin Jak Dobrze Jak ser Mozzarella ser I Parmezan ser .

d) Szczyt twój patelnia Pizza spadki z twój ulubiony dodatki.

e) Upiec Do 20 minuty .

f) Podawać wzdłuż Niektóre smaczny paluszki chlebowe Lub wieprzowina skórki!

85.Dip z kraba rangoon

SKŁADNIKI:
- 1 (8 uncji) pakiet z krem ser, zmiękczony
- 2 łyżka stołowa Oliwa olej majonez
- 1 łyżka świeżo nękany cytrynowy sok
- ½ łyżeczka morze sól
- ¼ łyżeczka czarny pieprz
- 2 goździki czosnek, mielony
- 2 średni zielony cebule, pokrojone w kostkę
- ½ filiżanka rozdrobnione Parmezan ser
- 4 uncje (o ½ filiżanka) z w puszkach biały mięso kraba

INSTRUKCJE:
a) Rozgrzej piekarnik Do 350°F.
b) W A średni miska, mieszać krem ser, majonez, cytrynowy sok, sól, I pieprz z A ręka mikser dopóki Dobrze rejestrowy.
c) Dodać czosnek, cebule, Parmezan ser, I mięso kraba I zginać do the mieszanina z A szpachelka.
d) Przenosić mikstura Do jakiś nadaje się do piekarnika zdechlak I rozłóż **TO** równomiernie.
e) Piec **30–35** minuty dopóki szczyt z sos Jest nieznacznie zrumieniony. Podawać ciepły.

86.Pikantny dip z krewetek i sera

SKŁADNIKI:

- 2 plastry boczku bez dodatku cukru
- 2 średnie żółte cebule, obrane i pokrojone w kostkę
- 2 ząbki czosnku, posiekane
- 1 szklanka krewetek popcornowych (nie panierowanych), ugotowanych
- 1 średni pomidor, pokrojony w kostkę
- 3 szklanki startego sera Monterey Jack
- ¼ łyżeczki ostrego sosu Frank's
- ¼ łyżeczki pieprzu cayenne
- ¼ łyżeczki czarnego pieprzu

INSTRUKCJE:

a) Kucharz the boczek W A średni rondel nad średni ciepło dopóki chrupiący, o 5–10 minuty. Trzymać smar W the patelnia. Położyć the boczek NA A papier ręcznik Do Fajny. Gdy Fajny, kruszyć się the boczek z twój palce.

b) Dodać the cebula I czosnek Do the boczek krople W the rondel I podsmażyć nad średnio niski ciepło dopóki Oni Czy miękki I pachnący, o 10 minuty.

c) Łączyć Wszystko składniki W A powolny kuchenka; zamieszać Dobrze. Kucharz pokryty NA Niski ustawienie Do 1–2 godziny Lub dopóki ser Jest w pełni stopiony.

87.Dip czosnkowo-bekonowy

SKŁADNIKI:
- 8 plastrów boczku bez dodatku cukru
- 2 szklanki posiekanego szpinaku
- 1 (8-uncjowe) opakowanie serka śmietankowego, zmiękczonego
- ¼ szklanki pełnotłustej kwaśnej śmietany
- ¼ szklanki zwykłego pełnotłustego jogurtu greckiego
- 2 łyżki posiekanej świeżej natki pietruszki
- 1 łyżka soku z cytryny
- 6 ząbków prażonego czosnku, rozgniecionych
- 1 łyżeczka soli
- ½ łyżeczki czarnego pieprzu
- ½ szklanki startego parmezanu

INSTRUKCJE:
a) Rozgrzej piekarnik Do 350°F.
b) Kucharz boczek W A średni rondel nad średni ciepło dopóki chrupiący. Usunąć boczek z the patelnia I ustawić na bok NA A płyta prążkowany z papier ręczniki.
c) Dodać szpinak Do the gorący patelnia I kucharz dopóki zwiędły. Usunąć z ciepło I ustawić na bok.
d) Do A średni miska, dodać krem ser, kwaśny krem, Jogurt, pietruszka, cytrynowy sok, czosnek, sól, I pieprz I pokonać z A trzymany w ręku mikser dopóki łączny.
e) Mniej więcej siekać boczek I zamieszać do krem ser mieszanina. Zamieszać W szpinak I Parmezan ser.
f) Przenosić Do jakiś 8" × 8" pieczenie patelnia I upiec Do 30 minuty Lub dopóki gorący I szampan.

88. Kremowy dip pesto z koziego sera

SKŁADNIKI:
- 2 kubki zapakowane świeży bazylia liście
- ½ filiżanka tarty Parmezan ser
- 8 uncje z kozy ser
- 1 -2 łyżeczki mielony czosnek
- ½ łyżeczka sól
- ½ filiżanka Oliwa olej

INSTRUKCJE:
a) Mieszać bazylia, ser, czosnek, I sól W A żywność edytor Lub mikser dopóki gładki. Dodać Oliwa olej W jakiś nawet strumień I mieszać dopóki łączny.
b) Podawać natychmiast Lub sklep W lodówka .

89.Gorąca pizza Super dip

SKŁADNIKI:
- Zmiękczony Krem Ser
- majonez
- ser Mozzarella Ser
- Bazylia
- Oregano
- Czosnek Proszek
- Pepperoni
- Czarny Oliwki
- Zielony Dzwonek Papryka

INSTRUKCJE:

a) Mieszać W twój zmiękczony krem ser, majonez, I A mały fragment z ser Mozzarella ser. Dodać A posypać z bazylia, Oregano, pietruszka, I czosnek proszek, I zamieszać dopóki jego ładnie łączny.

b) Wypełnić To do twój głęboko danie ciasto płyta I rozpowszechnianie się To na zewnątrz W jakiś nawet warstwa.

c) Rozpowszechnianie się twój Pizza sos NA szczyt I dodać twój preferowane dodatki. Dla Ten przykład, My będzie dodać ser Mozzarella ser, pepperoni czarny oliwki, I zielony papryka. Upiec Na 350 Do 20 minuty.

90. Pieczony dip ze szpinaku i karczochów

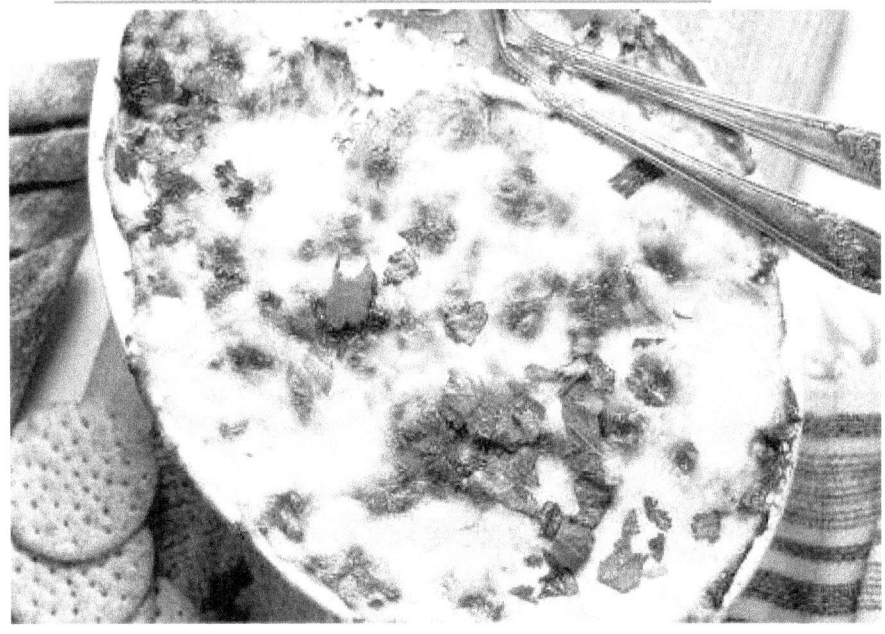

SKŁADNIKI:
- 14 uncje mogą karczoch kiery, osuszony I posiekana
- 10 uncji zamrożonych posiekana szpinak rozmrożone
- 1 filiżanka prawdziwy majonez
- 1 filiżanka tarty Parmezan ser
- 1 czosnek Goździk prasowany

INSTRUKCJE:
a) Odwilż mrożony szpinak Następnie ściskać To suchy z twój ręce.
b) Zamieszać razem: osuszony I posiekana karczoch, nękany szpinak, 1 filiżanka majonez, ¾ filiżanka Parmezan ser, 1 prasowany czosnek Goździk, I przenosić Do A 1 kwarta zapiekanka Lub ciasto danie.
c) Posypać NA pozostałe ¼ filiżanka Parmezan ser.
d) Upiec nieosłonięty Do 25 minuty Na 350°F Lub dopóki Ogrzewany Poprzez. Podawać z twój ulubiony crostini, frytki, Lub krakersy.

91.Dip z karczochów

SKŁADNIKI:
- 2 kubki z karczoch kiery, posiekana
- 1 filiżanka majonez Lub światło majonez
- 1 filiżanka rozdrobnione Parmezan

INSTRUKCJE:
a) Łączyć Wszystko składniki, I miejsce the mieszanina W A natłuszczony pieczenie danie. Upiec Do 30 minuty Na 350 °F.
b) Upiec the zanurzać dopóki To Jest lekko zrumieniony I szampan NA szczyt.

92. Kremowy dip z karczochów

SKŁADNIKI:
- 2 X 8 uncje pakiety z krem ser, pokój temp
- ⅓ filiżanka kwaśny krem
- ¼ filiżanka majonez
- 1 łyżka cytrynowy sok
- 1 łyżka Dijon musztarda
- 1 czosnek Goździk
- 1 łyżeczka Worcestershire sos
- ½ łyżeczka gorący pieprz sos
- 3 X 6 uncje słoiki z marynowane karczoch kiery, osuszony I posiekana
- 1 filiżanka tarty ser Mozzarella ser
- 3 szalotki
- 2 łyżeczka mielony papryczka jalapeno

INSTRUKCJE:
a) Za pomocą jakiś elektryczny mikser pokonać the Pierwszy 8 składników w A duży miska dopóki mieszany. Zginać W karczochy, ser Mozzarella, szalotki, I papryczka jalapeno.
b) Przenosić Do A pieczenie danie.
c) Rozgrzej the piekarnik Do 400 °F.
d) Upiec zanurzać dopóki bulgotanie I brązowy NA szczyt- o 20 minuty.

93.Dip koperkowo -serowy

SKŁADNIKI:
- 1 filiżanka zwykły soja Jogurt
- 4 uncje kremowy Ser
- 1 łyżka cytrynowy sok
- 2 łyżka stołowa wysuszony szczypiorek
- 2 łyżka stołowa wysuszony koperek chwast
- 1/2 łyżeczka morze sól
- Kropla pieprz

INSTRUKCJE:
a) Wszystko wymieszaj i wstaw do lodówki na co najmniej godzinę.

94. Dziki ryż i dip chili

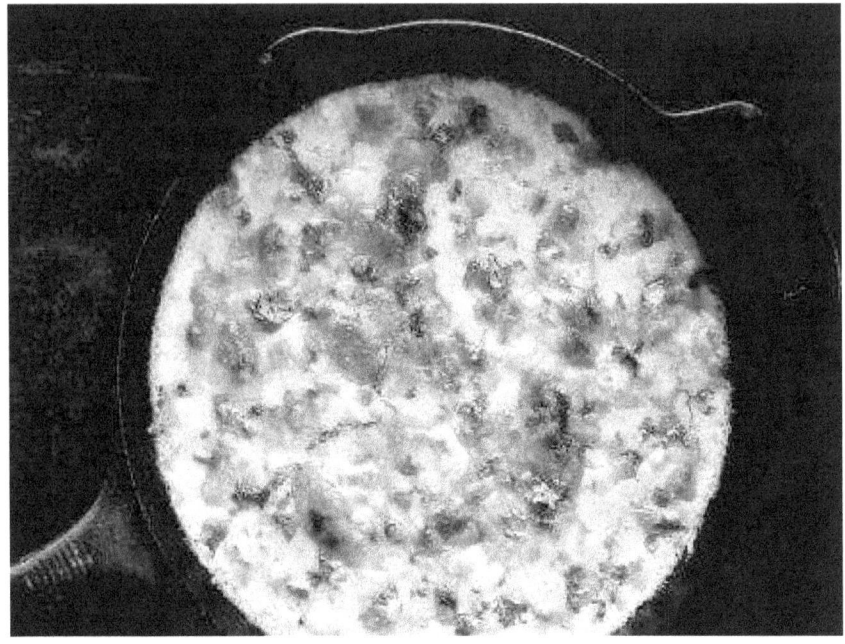

SKŁADNIKI:

- 12 uncje z gotowany soczewica
- ¼ filiżanka bez drożdży warzywo Rosół
- ¼ filiżanka posiekana zielony dzwonek pieprz
- 1/2 Goździk czosnek, prasowany
- 1 filiżanka pokrojone w kostkę pomidory
- ¼ filiżanka posiekana cebula
- 2 uncji śmietanki Ser
- 1/2 łyżka czerwony pieprz proszek
- 1/2 łyżeczka kminek
- ¼ łyżeczka morze sól
- Kropla papryka
- 1/2 filiżanka gotowany dziki Ryż

INSTRUKCJE:

a) W A mały rondel, kucharz the soczewica I warzywo Rosół.
b) Dodać the cebule, dzwonek pieprz, czosnek, I pomidory I kucharz Do 8 minuty nad średni ciepło.
c) W A mikser, łączyć Krem Ser, czerwony pieprz proszek, kminek, I morze sól dopóki gładki.
d) Łączyć the Ryż, krem ser mieszanka, I soczewica warzywo mieszać W A duży mieszanie miska I podrzucenie Dobrze.

95.Pikantny dip z dyni i serka śmietankowego

SKŁADNIKI:

- 8 uncje z Krem Ser
- 15 uncje niesłodzone w puszkach dynia
- 1 łyżeczka cynamon
- ¼ łyżeczka piment
- ¼ łyżeczka gałka muszkatołowa
- 10 orzechy pekan, rozbity

INSTRUKCJE:

a) Bicz the Krem Ser I w puszkach dynia razem W A mikser dopóki kremowy.
b) Zamieszać W the cynamon, piment, gałka muszkatołowa, I orzechy pekan dopóki dokładnie łączny.
c) Zanim porcja, chłod Do jeden godzina W the lodówka.

Sosy azjatyckie

96. Sos Morelowy I Chile Do Maczania

SKŁADNIKI:
- 4 wysuszony morele
- 1 filiżanka bieli winogrono sok Lub jabłko sok
- 1 łyżeczka Azjatycki czerwony pieprz pasta
- 1 łyżeczka tarty świeży ożywić
- 1 łyżka soja sos
- 1 łyżka Ryż ocet

INSTRUKCJE:

a) W A mały rondel, łączyć the morele I winogrono sok I ciepło Tylko Do A gotować. Usunąć z the ciepło I ustawić na bok Do 10 minuty Do umożliwić the morele Do złagodzić.

b) Przenosić the morela mieszanina Do A mikser Lub żywność edytor I proces dopóki gładki. Dodać the czerwony pieprz pasta, ożywić, soja sos, I ocet I proces dopóki gładki. Smak, naregulowanie przyprawy Jeśli niezbędny.

c) Przenosić Do A mały miska. Jeśli nie za pomocą Prawidłowy z dala, okładka I zamrażać dopóki potrzebne.

d) Odpowiednio przechowywane, the sos będzie trzymać Do 2 Do 3 dni.

97. Sos Mango-Ponzu do zanurzania

SKŁADNIKI:
- 1 filiżanka pokrojone w kostkę dojrzały mango
- 1 łyżka ponzu sos
- ¼ łyżeczka Azjatycki czerwony pieprz pasta
- ¼ łyżeczka cukier
- 2 łyżka stołowa woda, plus więcej Jeśli potrzebne

INSTRUKCJE:

a) W A mikser Lub żywność edytor, łączyć Wszystko składniki I mieszanka dopóki gładki, dodanie inny łyżka z woda Jeśli A cieńszy sos Jest pożądany.

b) Przenosić Do A mały miska. Podawać natychmiast Lub okładka I zamrażać dopóki gotowy Do używać. Ten sos Jest to, co najlepsze używany NA the To samo dzień To Jest zrobiony.

98. Sos sojowo-imbirowy

SKŁADNIKI:
- 1/4 szklanki sosu sojowego
- 2 łyżki octu ryżowego
- 1 łyżka oleju sezamowego
- 1 łyżka miodu lub brązowego cukru
- 1 łyżeczka świeżo startego imbiru
- 1 ząbek czosnku, posiekany
- 1 łyżka posiekanej zielonej cebuli (opcjonalnie)

INSTRUKCJE:
a) W małej misce wymieszaj sos sojowy, ocet ryżowy, olej sezamowy, miód lub brązowy cukier, starty imbir, posiekany czosnek i posiekaną zieloną cebulę (jeśli używasz).
b) Mieszaj, aż dobrze się połączą.
c) Dostosuj słodkość lub słoność zgodnie z preferencjami smakowymi, dodając więcej miodu/cukru lub sosu sojowego, jeśli to konieczne.
d) Podawać jako sos do pierogów, sajgonek czy mięs z grilla.

99. Pikantny sos orzechowy

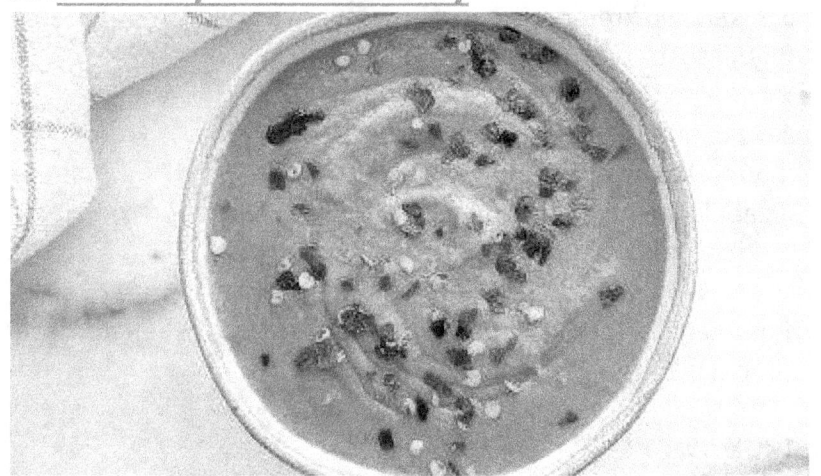

SKŁADNIKI:
- 1/4 szklanki kremowego masła orzechowego
- 2 łyżki sosu sojowego
- 1 łyżka octu ryżowego
- 1 łyżka miodu lub syropu klonowego
- 1 łyżeczka oleju sezamowego
- 1 ząbek czosnku, posiekany
- 1 łyżeczka sosu sriracha (dostosuj do smaku)
- 2-3 łyżki wody (do rozrzedzenia sosu)
- Posiekane orzeszki ziemne i plasterki zielonej cebuli do dekoracji (opcjonalnie)

INSTRUKCJE:
a) W misce wymieszaj kremowe masło orzechowe, sos sojowy, ocet ryżowy, miód lub syrop klonowy, olej sezamowy, mielony czosnek i sos sriracha.
b) Dobrze wymieszaj, aż będzie gładkie.
c) Stopniowo dodawaj wodę, aż do uzyskania pożądanej konsystencji.
d) Dostosuj przyprawę, dodając więcej sosu sojowego, miodu lub srirachy według smaku.
e) W razie potrzeby udekoruj posiekanymi orzeszkami ziemnymi i pokrojoną w plasterki zieloną cebulą.
f) Podawać jako sos do świeżych sajgonek, szaszłyków satay lub makaronu.

100. Słodki sos chilli i limonki

SKŁADNIKI:
- 1/4 szklanki słodkiego sosu chili
- Sok z 1 limonki
- 1 łyżka sosu sojowego
- 1 łyżeczka oleju sezamowego
- 1 ząbek czosnku, posiekany
- 1 łyżeczka startego imbiru
- 1 łyżka posiekanej kolendry (opcjonalnie)
- Cienko pokrojone chili dla dodatkowego podgrzania (opcjonalnie)

INSTRUKCJE:
a) W małej misce wymieszaj słodki sos chili, sok z limonki, sos sojowy, olej sezamowy, posiekany czosnek, starty imbir i posiekaną kolendrę (jeśli używasz).
b) Jeśli wolisz dodatkowe ciepło, dodaj cienko pokrojone chili.
c) Dostosuj słodkość lub pikantność, dodając w razie potrzeby więcej słodkiego sosu chili lub soku z limonki.
d) Podawać jako sos do maczania krewetek, sajgonek lub smażonego tofu.

WNIOSEK

Kończąc naszą podróż po świecie dipów i smarowideł, mam nadzieję, że poczujesz inspirację do podniesienia poziomu swojej zabawy z przekąskami i przekształcenia zwykłych chwil w niezwykłe doświadczenia. „Kompletna książka z przepisami na dipy i smarowidła" została stworzona z pasji do smaku i zamiłowania do dzielenia się dobrym jedzeniem z bliskimi.

Kontynuując odkrywanie pysznego świata dipów i smarowideł, pamiętaj, że możliwości są nieograniczone. Niezależnie od tego, czy eksperymentujesz z nowymi kombinacjami smaków, dostosowujesz przepisy do swoich preferencji smakowych, czy po prostu czerpiesz przyjemność z maczania i smarowania, niech każdy kęs będzie przypomnieniem radości płynącej z dzielenia się jedzeniem i tworzenia wspomnień z innymi.

Dziękuję, że jesteś ze mną w tej kulinarnej przygodzie. Niech Twoje dipy będą kremowe, pasty aromatyczne, a przekąski naprawdę niezwykłe. Dopóki się ponownie nie spotkamy, życzymy miłego zanurzania i rozprzestrzeniania się!

www.ingramcontent.com/pod-product-compliance
Lightning Source LLC
Chambersburg PA
CBHW050346120526
44590CB00015B/1574